Weihnachten 1998

Das Paradies auf Erden

und andere Liebesgeschichten
Herausgegeben von Ruth Harmsen und Fabian Vogt

Das Paradies auf Erden

... UND ANDERE

LIEBESGESCHICHTEN

SCHULTE & GERTH

Best.-Nr. 815416
ISBN 3-89437-416-0
1. Auflage 1996
Umschlaggestaltung: Olaf Johannson
Satz: Typostudio Rücker & Schmidt, Langgöns
Druck und Verarbeitung: Ebner Ulm
Printed in Germany

Inhalt

Vorwort

Nicht nur im siebten Himmel flüstert man es hingebungsvoll: Liebe verändert zärtlich unser Leben und bringt das Herz zum Tanzen. Wo sie hinfällt, da blühen die Menschen auf und wachsen über sich selbst hinaus. Sogar der alleinlebende Paulus ahnte, daß ohne diese Himmelsmacht alles andere völlig wertlos ist und sie geduldig jede Verrücktheit erträgt. Außerdem macht Liebe sehr mutig – manchmal aber auch blind und sprachlos. Denn jedesmal, wenn zwei sich leidenschaftlich finden wollen, wird aus der schwärmerischen Sehnsucht ein romantisches Experiment, das Vertrauen, Hoffnung und Glauben herausfordert. Nicht immer entsteht aus sanfter Zuneigung echte Gemeinschaft, weil die Angst, sich ganz zu öffnen und das Leben zu teilen, oft größer scheint als das ganze Kaleidoskop der Emotionen, oder weil einer der beiden Partner irgendwann merkt, daß der andere doch nicht in die erträumten Vorstellungen hineinpaßt. Und dennoch öffnet sich mit jeder Perspektive der Liebe ein schüchterner Blick auf das, was Leben wirklich ausmacht. Und weil das alle Verliebten spüren, suchen sie weiter nach Worten für dieses ewig gleiche und doch jedesmal andere Phänomen, das niemand missen möchte, den es einmal erwischt hat.

Bekannte christliche Autorinnen und Autoren haben sich von dem betörenden Thema den Kopf verdrehen lassen und ihre gefühlvollen Phantasien aufgeschrieben; sehr unterhaltsam, hoffentlich einsichtig und keinesfalls allgemeingültig – und doch treffen sie mit ihren künstlerischen Worten vielleicht gerade die Empfindungen, die immer so schwer auszudrücken sind und sich so gern verstecken.

Das Schönste an der Liebe ist, daß sie hellhörig und hellsichtig macht; für die Menschen, für die Natur – und für Gott. Denn die Sehnsucht nach einem Gegenüber hört nicht in der Zweierbeziehung auf, sie ahnt, daß es ein viel umfassenderes Leben in der Liebe gibt. Darum kennt das Alte Testament vor allem einen Grundgedanken: Gottes Liebe zu den Menschen war als allererstes da! Und sie ist so offen, daß sie jeden einlädt, sich hineinfallen zu lassen; trotz aller menschlichen Fehler und Schwächen. Was Gott im Gegenzug von seinem Volk erhofft, klingt dann tatsächlich wie eine gelungene Beschreibung aller kribbelnden Gefühle: Man soll lieben „von ganzem Herzen, von ganzer Seele und mit allem Vermögen".

Die Fähigkeit zu lieben kommt aber nicht nur aus einem Überschwang der Emotionen, sie fordert eine leidenschaftliche Lebenseinstellung, die als Geschenk Gottes das ganze Menschsein verändert, Träume ermöglicht und alle Bereiche des Daseins mit Sinn füllt und wertvoll macht. Im Neuen Testament gibt es deshalb nur Liebe oder Tod, Erfülltsein oder Leere. Wer Gott wahrhaftig liebt, der liebt auch den Menschen und umgekehrt – und er versteht, daß die Freiheit Gottes viel größer ist als alle Gebote oder Ängste.

Möglicherweise liegt der Reiz christlicher Liebesgeschichten gerade darin, daß in ihnen Glaube und Liebe zusammenfließen und voneinander lernen können – bis in unseren Beziehungen eines Tages aus Gedanken und Gefühlen, Ich und Du, Gott und Mensch, Freude und Leid, Sexualität und Vertrauen, Gemeinde und Individuum das Paradies auf Erden entsteht.

Diese Hoffnung haben sich die Autorinnen und Autoren zu Herzen gehen lassen und mit ihren erzählerischen Vorlieben gefüllt. Daraus ist eine ermutigende und verführerische Anthologie geworden – aus Kurzgeschichten, die neben dem prickelnden Lesevergnügen vor allem eines offenbaren: Wir brauchen Liebe!

Die Herausgeber

Fabian Vogt

Das Paradies auf Erden

„Na bitte, von wegen ‚amore, amore'. Du hast gut reden, Fino, da geht sie hin, und nie mehr kehrt sie wieder! Mist!"

Er schaute ihr verstohlen hinterher und hoffte, daß niemand seine leisen Flüche gehört hatte; vor allem sie nicht, die da so wunderbar selbstsicher und burschikos ihre Handtasche umhängte und im Inneren des Cafés verschwand: „Es gibt Frauen, die machen dich mit einem kleinen Klimpern ihrer Wimpern zu einem Sklaven", dachte er versonnen. Dabei war alles so einfach gewesen, so dreifach phantastisch, so einzigartig aufregend und traumhaft schön – jedenfalls die meiste Zeit.

Mißmutig und immer noch bezaubert stützte der junge Gartenarchitekt einen Ellenbogen auf den kleinen Bistrotisch und versuchte zum dritten Mal, einen letzten Schluck aus seiner Mokkatasse zu bekommen. Wieder vergeblich. Denn möglichst unauffällig bemühte er sich dabei, ihre Gestalt hinter den spiegelnden Glasscheiben zu erkennen, doch er war sich nicht sicher, ob sie es war. Wahrscheinlich würde sie die Rechnung bezahlen und dann verschwinden. Oder sie ging nur kurz auf die Toilette. Er überlegte, ob dieser Gedanke seine Idealvorstellung stören würde – war es nicht Kästner gewesen, der desillusionierend geschrieben hatte: „Auch die schönste Frau muß mal aufs Klo", oder so ähnlich? – Nein, diese Klassefrau war rundherum gelungen. Und es gab nur noch eine Möglichkeit, sie anzusprechen: Wenn sie an ihm vorbei den kleinen Garten des Cafés verließ.

*

Sie war ihm sofort aufgefallen, als er sich an den runden Tisch gesetzt und ein wenig neugierig die Gäste unter den rotkarierten Sonnenschirmen betrachtet hatte. Sein Blick war an ihr hängengeblieben, als sei sein Kopf eingerastet: Toll! Manchmal ahnt man sofort, daß ein noch unbekanntes Wesen genauso denkt, fühlt und lebt, wie man es selber macht oder möchte. – Die war so. Alles an ihr paßte. Keine Frau zum Plaudern oder Verführen. Wie sagt Fino immer: „Eine, mit der du Hand in Hand einen langen weißen Strand entlangläufst, vor Liebe in die Luft springst und im Glück versinkst, weil alles an ihr strahlt – das ist Amore, amore!" Die Wiederholung des zweiten „Amore" ließ Fino jedesmal langsam und genüßlich über seine Lippen fließen, als sei das O die gelungenste Spezialität seines exquisiten italienischen Restaurants und das R ein verheißungsvolles Beben des ganzen Körpers. Mit dieser rothaarigen Überraschung am Ecktisch würde er, der stille Denker Ben, nicht nur einen Strand entlangrennen, mit ihr würde er in ein aufregendes Leben eintauchen und über sich selbst hinauswachsen.

Es war wie im Traum: Da saß sie, und offensichtlich hatte er sie und ihren Ringfinger so penetrant angestarrt, daß sie plötzlich keck die Augenbrauen hob und zu ihm herüber sah. Verschämt blickte er auf seinen Käsekuchen herunter und war auf einmal unheimlich damit beschäftigt, die nächsten Bissen mundgerecht zu portionieren; so lange, bis das ganze Stück nur noch in Krümeln vor ihm lag.

Als er kurz darauf den Kopf hob, sah er sie grinsend dasitzen, und da spürte er plötzlich sein Herz bis in die Fußzehen schlagen: Jetzt lag es an ihm, sich etwas einfallen zu lassen. Eine solche Chance bekam er so schnell nicht wieder. Doch in Momenten wie diesen fühlte er sich meist sehr schwach. Wenn bloß Fino da wäre; der hätte ihm auffordernd zugenickt und ein paar ermunternde Sprüche dazugeliefert. Aber es half alles nichts, jetzt mußte er selbst aktiv werden:

„Haben wir uns nicht schon mal irgendwo gesehen?" – O Gott, wie schlecht.

„Guten Tag, ich bin Benjamin, ich mache kostenlose Stadtführungen für Außerirdische. Wie wär's?" – Witzig, aber unglaublich aufdringlich.

„Hallo, ich bin Ben, ich bin Gartenarchitekt und brauche dringend noch eine schöne Frau auf der Wiese.“ – Nicht unoriginell, aber ein elender Machospruch.

„Na so was, entschuldige, ich habe dich nicht sofort erkannt, also Inge, du hast dich ganz schön verändert!“ – Sehr gut, aber da sie aller Wahrscheinlichkeit nach nicht Inge hieß, würde sie ihn sicher schnell abblitzen lassen.

„Hallo! Was hältst du davon, wenn wir zusammen das Paradies suchen?“ – Das gefiel ihm am besten. Aber irgendwie wußte er, daß er diesen Satz niemals über seine Lippen bringen würde.

Ganz gleich, was ihm auch einfiel, es genügte nicht für diese Frau, und langsam verließ ihn der Mut ganz. Wahrscheinlich hatte er ihr Grinsen ohnehin mißverstanden.

Außerdem: Meist täuscht ja der erste Eindruck. Möglicherweise war diese Frau in Wirklichkeit eine Trickbetrügerin mit falschen Haaren und Zähnen, Anhängerin einer obskuren Sekte, liebte Frauen anstatt Männer, Fan bayrischer Meditationsmusik oder einfach hinterhältig und bösartig; wahrscheinlich sogar alles zusammen.

Ein erneuter Seitenblick überzeugte den zögernden Gartenarchitekten schnell vom Gegenteil, und er versank in süßen Phantasien. Wenn er schon zu feige war, diese Frau anzusprechen, wollte er wenigstens von ihr träumen und in Gedanken ein bißchen mit ihr spazierengehen.

*

In der Phantasie war es ganz einfach, aufzustehen und zu ihr hinüberzulaufen. Verzückt nahm er sie an der Hand, die sie ihm schon erwartungsvoll entgegenstreckte, und sprang mit ihr an den ergreifendsten Ort, den er sich vorstellen konnte: den Garten Eden. Vor seinen Augen verwandelten sich das Café, die Stadt und die störenden Leute in eine üppige, jede Realität überwuchernde Vegetation, in der nur er und die Schöne übrigblieben und erstaunt auf die himmlische Umgebung blickten. Natürlich waren sie beide nackt, wie es sich für das Paradies gehört, aber Ben war viel zu sehr Gartenarchitekt, als daß er ihren Körper ohne die vollendete

Umgebung betrachtet hätte. In Gedanken modellierte er noch ein wenig an ihren Hüften herum, dann zogen sie los und erkundeten die Umgebung.

„Ich heiße Eva und bin Bühnenbildnerin", sagte seine Begleiterin grinsend. „Nett, daß du mich ins Paradies mitgenommen hast. Und da es hier nur uns beide gibt, steht einer einzigartigen Beziehung ja wohl nichts mehr im Weg."

„Das denke ich auch", erwiderte Ben und hängte ihr zwei zutrauliche Fledermäuse als Ohrringe an die Ohrläppchen, sozusagen als Freundschaftszeichen. Begierig dehnten sie ihre Streifzüge immer weiter aus, erstaunt darüber, daß ihnen das Paradies so wenig Angst einjagte. Vielleicht gab es aber auch viel zu viel zu sehen, um übervorsichtig stehenzubleiben: Vor ihnen auf der Lichtung tanzten ein Löwe und ein Schaf miteinander, während ein Mammut im Takt dazu trompetete. Große Herden bunter Springböcke kamen neugierig heran, als sie die beiden Neuankömmlinge bemerkten, und die Luft vibrierte von den Geräuschen kleiner Insekten, die sich liebevoll auf ihren Armen niederließen. Begeistert erklärte Ben Eva die kunstvolle göttliche Anordnung der verschiedenen Pflanzen, aß mit ihr von den vielen unbekannten, aber wohlschmeckenden Früchten und küßte sie zärtlich, als sie von einem Nashornritt ermüdet auf den Boden sanken. Einmal war es ihnen sogar, als spaziere am Horizont Gott vorbei, aber als sie später versuchten, einander zu beschreiben, wie der Herr der Welt ausgesehen hatte, fanden sie keine Worte dafür. Abends kuschelten sie sich an zwei Eisbären, die zufällig vorbeigekommen waren, unterhielten sich noch stundenlang über moderne Kunst und schliefen endlich verliebt und glücklich ein.

Ben wachte auf, als es anfing, in Strömen zu gießen. Eva stand bereits zitternd unter einer großen Kastanie und versuchte verzweifelt, sich mit einem kleinen Schaf abzutrocknen. Ben wollte zu ihr laufen, stolperte aber über einen Igel und fiel mit dem Gesicht in eine Orchideenpflanzung – wenn man Gottes schöpferische Arbeit so nennen darf. Der Architekt entschuldigte sich bei dem Igel und zog sich einige Stacheln aus seinem Fuß.

„Sag mal“, tönte es hinter ihm bissig, „das mit dem Paradies war doch deine Idee, nicht wahr?“

„Naja“, murmelte Ben kleinlaut, während ihm einfiel, daß er nirgendwo eine Pinzette würde auftreiben können.

„Es war nur ein Witz“, lachte Eva, „aber mal im Ernst. So ein bißchen Paradies ist ja ganz nett, aber meinst du nicht, daß uns die Tiere, das Obst und das Nichtstun irgendwann ungeheuer auf die Nerven gehen werden? Und ... also, du weißt ja, ich liebe dich sehr ... aber immer nur wir zwei? Ein bißchen Kultur und etwas Gesellschaft täten uns, glaube ich, ganz gut. Ich bin sicher, daß wir uns beide etwas Paradiesischeres als das Paradies vorstellen können.“

Ben war völlig verblüfft. Da stand vor ihm die schönste – momentan allerdings auch die einzige – Frau der Welt, triefend naß und mit zwei schelmischen Grübchen auf den Wangen, und meckerte an seinem Paradies herum. Wenn das Gott wüßte. Auf der anderen Seite hatte sie ja recht. In diesem perfekten Garten gab es für ihn nichts, aber auch überhaupt nichts zu tun, während in der normalen Welt nicht nur die Landschaft dringend auf eine mutige Erneuerung wartete.

Wortlos nahm Ben seine Eva an der Hand und rannte mit ihr los. Einen Strand entlang, über eine Hochebene und durch einen Wald. Immer, wenn er sich über den Weg unsicher wurde, starrte er so lange auf den Boden, bis er wieder die zwei kleinen Augen der Schlange sah, die seit ihrer Ankunft zischelnd um sie herumgekrochen war. Dann waren sie am Ziel und fielen außer Atem am Fuß des Baumes zu Boden.

„Bist du ganz sicher, daß wir diese göttliche Landschaft nicht vermissen oder für immer verlieren werden?“ fragte Ben.

„Ganz sicher“, flüsterte Eva ihm liebevoll ins Ohr und sah ihn dabei so verführerisch an, daß er sie auf der Stelle geheiratet hätte, wenn Gott für sie einen Pfarrer geschaffen hätte. „Wir nehmen diese herrliche Welt in uns mit. Zurück müssen wir aber auf jeden Fall, denn wir sind die einzigen, die den Menschen vom Paradies erzählen können.“

„Aber es ist doch wirklich ein wunderschöner Ort!“

„Eben, hab keine Angst, es wird noch schöner.“

Ben zerteilte den ungewöhnlich großen und schillernden Apfel, den ihnen die Schlange reichte, in zwei Teile, und gemeinsam bissen sie zu. Als sie zurück in die Realität glitten, war es dem jungen Architekten, als hörte er ein belustigtes Kichern Gottes, in dem ein Hauch Hochachtung mitschwang.

*

Ben schüttelte über sich selbst den Kopf: „Das kann ja wohl nicht wahr sein. Plötzlich geht die Phantasie mit mir durch. Ich bin nicht mal mehr Herr meiner eigenen Träume. So hat mir noch nie eine Frau den Kopf verdreht.“

In diesem Moment ging über das Gesicht seiner Angebeteten am Nebentisch ein Lächeln, als hätte sie gerade über etwas sehr Komisches nachgedacht. Sie beugte sich zu ihrer Tasche hinunter, holte einen Apfel hervor, den sie sorgfältig in zwei Teile schnitt, und biß in die eine Hälfte, bevor sie die andere in Alufolie hüllte und wieder einsteckte.

„Wenn du wüßtest, was ich die ganze Zeit geträumt habe“, dachte Ben und nahm einen neuen Anlauf, sich ein wenig von der Nähe dieser verrückt machenden Schönheit inspirieren zu lassen. „Na, Fino, was würdest du mit einer solchen Frau anfangen? Die ist nicht so leicht zufriedenzustellen, nicht wahr?“ flüsterte Ben vor sich hin, während er gedankenverloren mit dem Finger kleine Herzen auf die Tischdecke malte und seiner Phantasie wieder freien Lauf ließ.

*

Diesmal kam sie in seinem Traum auf ihn zu, streichelte seine Wange, und ehe er richtig hinsehen konnte, fing der Untergrund an, sich sanft zu wiegen, und sie lagen an Deck ihrer Privatyacht in bequemen Liegestühlen, die das gleiche Muster wie die Sonnenschirme hatten.

„Ich bin froh, daß du die Neugestaltung des Central

Parks nicht angenommen hast", sagte die Schöne entspannt und zog ihr Bikinioberteil gerade (Ben hatte keine Ahnung, wovon sie sprach). „Du kannst dich vor Aufträgen ohnehin kaum retten, und meine Premiere in Paris hättest du dann verpaßt. Wir haben uns zwar gerade erst kennengelernt, aber es kommt mir vor, als sei dieser Urlaub die beste Möglichkeit herauszufinden, ob wir wirklich zueinander passen." Sie schwiegen einen Moment, als ein Steward zwei neue Drinks brachte, und genossen den Anblick der vielen kleinen Inseln, zwischen denen sie gemächlich hindurchsegelten.

Ben legte sein Buch aus der Hand, zog seine aufregende Begleiterin hoch und trug sie lachend zum Swimmingpool am Heck.

„Wenn du das machst, dann kannst du was erleben!" drohte sie, doch bevor sie ihre Rachepläne näher erläutern konnte, fielen sie eng umschlungen in das schimmernde Becken und balgten bald wie zwei kleine übermütige Kinder darin herum.

„Ist das nicht das Paradies?" fragte Ben, während er nach Luft schnappend aus dem Wasser auftauchte.

„Das ist es", rief sie übermütig, bevor sie prustend unter der Wasseroberfläche verschwand.

„Sie heißt bestimmt Nicki", dachte Ben plötzlich, und als er sie zwischen zwei Lachern so ansprach, reagierte sie, als sei das tatsächlich ihr Name. Eng aneinander geschmiegt, liefen sie später an der Reling entlang und zeigten sich gegenseitig alle Sternbilder, die sie am Himmel erkennen konnten. Und wenn ihnen ein Name nicht einfiel, erfanden sie einfach neue: den großen und den kleine Zwerg, den Gruselstern und die Colaflasche. Irgendwann entdeckte Ben auch das Gesicht von Nicki am Firmament wieder, obwohl sie felsenfest behauptete, die Konstellation ähnele eher ihrer Urgroßmutter väterlicherseits, die mit siebzehn Jahren einen überaus frechen Verehrer ins Meer geschmissen habe. Nach jedem geistreichen Einfall rieb Ben seine Nase an ihrer Stirn und hielt sie so fest, als würde sie im nächsten Augenblick davonfliegen. Das tat sie dann auch in einem weniger stürmischen Moment.

„Hey, was machst du?“ rief der Gartenarchitekt konsterniert hinter der davonschwebenden Schönheit her.

„Du hast uns doch in die Welt der erfüllten Sehnsüchte geholt. Hier ist eben alles möglich. Los, komm, mach einfach, was du willst!“

„Natürlich“, jubelte Ben innerlich, als er mit einem Kopfsprung ins Meer glitt, um bis auf dessen Grund zu tauchen, „merkwürdig, daß man manchmal seine eigenen Ideen nicht versteht.“

Begeistert drehte er sich um sich selbst, genoß das Spielen im dreidimensionalen Raum und das Atmen unter Wasser. Es war, als könne er nun endlich all die Kunststücke nachholen, die ihm im Sportunterricht immer nur ein freundliches „Befriedigend“ eingebracht hatten. In vierzig Meter Tiefe setzte sich der Träumer auf einen hervorstehenden Felsen und baumelte in der Strömung langsam mit den Beinen. Als ein weißer Hai vorbeikam, schüttelte er ihm locker die Flosse und empfahl dem schnittigen Burschen ein besseres Mundwasser.

„Ach“, sagte der Hai, „das liegt doch nur an eurer Umweltverschmutzung.“

Da lachte Ben nur kurz, sehnte sich ein wenig nach der unverdorbenen Natur, und schon wurde sein Blick immer klarer, weil der Dreck verschwand. Der Hai bedankte sich und versprach, mal wieder zum Abendessen vorbeizukommen. Vorsichtig schob Nicki, die ihm gefolgt war, ihre Hand in die seine und drückte sie zärtlich. Ben war ganz in seinem Element. In Gedanken gestaltete er die Unterwasserwelt mit ihrer fremden und fesselnden Artenvielfalt zum ungewöhnlichsten Garten aller Zeiten. Nicki hörte seinen Ausführungen fasziniert zu, sie himmelte ihn ganz offen an, und er genoß ihre Begeisterung. Sie verehrte ihn unsagbar ...

„Sag mal, spinnst du?“ fauchte sie plötzlich und zog ihre Hand aus der seinen, um sich das Gesicht zu reiben. „Wenn ich dich toll finden möchte, dann laß das bitte meine Entscheidung sein. Du kannst dich doch nicht einfach für mich nach einem Anbetungsgesicht sehnen, nur weil du das gerade so magst. Das ist weder ehrlich noch besonders witzig.“

„Entschuldige“, murmelte Ben verwirrt und wünschte ihr – um sie liebevoll abzulenken – den Fischschwanz einer Meerjungfrau, den sie auch sofort bekam. Dafür wuchsen seine Muskeln mit einem Mal um 30 Prozent, und zum ersten Mal im Leben hatte er auf der Brust ein Dickicht dunkler Haare.

„Na warte“, dachte der junge Architekt, der das ganze immer noch für ein faszinierendes Spiel hielt. Vor seinen Augen bekam die Seejungfrau Nicki eine dunkle Sonnenbrille, einen Giraffenhals und war über und über mit Stuck verziert; außerdem war sie im achten Monat schwanger.

In diesem Augenblick zuckte ein Blitz durch das Wasser, und sie saßen wieder engumschlungen zusammen, diesmal an einem langen weißen Strand.

„Es tut mir leid“, entschuldigte sich Ben dreimal hintereinander, „ich habe eben die Kontrolle über mich und meine Gedanken verloren. Sei nicht böse!“ Doch Nicki hörte offensichtlich überhaupt nicht zu, sie grübelte.

„Wir müssen zurück, Ben, es hat keinen Sinn.“

„Was hast du denn gegen die Welt der erfüllten Sehnsüchte?“ fragte Ben verständnislos.

„Sie ist kalt, diese Welt, unglaublich kalt. Wir werden nie wieder auf etwas hoffen können. Nie wieder träumen oder etwas langsam und fröhlich wachsen sehen, niemals gemeinsam eine schwere Zeit durchstehen, die uns zusammenschweißt und reifen läßt. Und es ist eine Welt ohne Gott. Ja, es stimmt, hier existiert keine Angst, aber dafür gibt es auch keine Vergebung, kein gegenseitiges Annehmen. Eine Welt, in der weder Ziele noch die Frage nach dem Glück eine Bedeutung haben, zerstört jeden Lebenssinn. Wo alles möglich ist, ist eben in Wirklichkeit überhaupt nichts möglich. Du hast doch eben erlebt, was passiert, wenn unsere Sehnsüchte sich widersprechen. Hier werden wir uns nur noch mit Phantasien bekriegen, während wir in der alten Welt gemeinsam und freundlich nach einer Lösung suchen würden.“

Wortlos nahm Ben sie an der Hand und lief mit ihr den Strand entlang, so lange, bis sie irgendwann erschöpft auf zwei Bistrostühlen niedersanken.

*

Der Gartenarchitekt schüttelte den Kopf, weil er nicht ganz sicher war, ob diese seltsame Geschichte wirklich seinem eigenen Gehirn entsprungen war: „Fino, deine romantischen Erzählungen an lauen Sommerabenden können einem wirklich den Verstand rauben. Ich spinne schon fast so wie du mit deinem ewigen ‚Amore, amore'."

Erschreckt blickte er hoch, um zu sehen, ob sie, seine Traumfrau, überhaupt noch dasaß. Gott sei Dank, sie öffnete gerade ihre Handtasche und nahm eine Sonnenbrille heraus, die sie sich – ein wenig zu demonstrativ, fand Ben – auf die schwungvolle Nase setzte.

„Ob ich ihr einfach von meinen verrückten Phantasien erzählen sollte?" überlegte Ben einen Moment; doch dann war er sich sicher, daß sie ihn geradewegs in die Nervenheilanstalt gebracht hätte. Was, ganz nüchtern betrachtet, auch eine charmante Form des Anbändelns gewesen wäre. „Ein wirklich schwieriger Fall", entfuhr es ihm, wobei nicht klar war, ob er sich oder die Schöne damit meinte. Und bevor er sich so recht überlegt hatte, was er denn nun machen könnte, befand er sich schon in der nächsten Geschichte.

*

Jetzt, so beschloß er, wollte er in seinem Traum mit seinen Annäherungsversuchen vorsichtiger sein. Doch seine Phantasie riß ihn einfach mit, und ehe sich Ben versah, stand er mit seiner schönen Unbekannten auf einer Staumauer, deren Enden am Horizont verschwanden. In alle Richtungen flog der Blick über weite Felder, Dörfer und Wälder, die ein bißchen an Tolkiens Zauberwelten erinnerten und irgendwie ganz natürlich aussahen.

„Können Sie lesen, was auf dem Schild dahinten an dem Haus steht?" fragte Ben die junge Frau freundlich.

„Nein", erwiderte sie, „aber ich leihe ihnen gern mein Fernglas." Sie öffnete ihre Handtasche und holte ein dunkelbraunes Etui heraus. „Übrigens, ich heiße Tina!" Sie packte ein Opernglas aus und reichte es dem verdutzten Architekten.

„Pizzeria da Fino", las er laut vor, was durch das Glas zu entziffern war.

Bevor er überlegen konnte, was das wohl zu bedeuten hatte, brach der Damm unter ihnen mit einem lauten Dröhnen. Einen schrillen Schreckensschrei ausstoßend, sprang die junge Frau einen Schritt vor und klammerte sich hilfesuchend an Ben. Der nutzte die Gelegenheit, um sie sanft in den Arm zu nehmen, während sie auf dem Kamm der ersten hervorbrechenden Welle ins Tal schwebten. Geschickt setzte die sanft tosende Flut sie im Garten des kleinen Restaurants ab, ohne Schaden zu hinterlassen; und sogleich erschien Fino, um ihre Bestellung aufzunehmen. Als er Tina sah, stutzte er einen Moment, dann zwinkerte er Ben mehr als vielsagend zu und küßte der Bekannten seines Freundes galant die Hand.

„Oh, welch eine Ehre, eine solche Traumfee in meinem bescheidenen Garten zu haben. Nebenbei: Mögen Sie Strände? Egal. Wo eine Frau wie Sie auftaucht, wird die Welt zum Paradies. Ben, du bist ein Glückspilz. Sag selbst, was ist das Leben ohne Amore, amore! Bella, ich muß Ihnen da eine kleine romantische Geschichte erzählen, die Sie nicht für möglich halten werden ..."

Verlegen deutete ihm Ben an, daß sie sich sehr wohl allein unterhalten konnten, worauf Fino mit einem schelmischen Lächeln verschwand.

Und dann passierte genau das, wovon Ben immer geträumt hatte. Er saß mit Tina an einem Tisch, lachte, erzählte, hörte zu, vergaß die Zeit, schwärmte von seiner Arbeit und seinen Plänen, verstand nach und nach immer mehr von dieser geheimnisvollen, anziehenden Frau; mit wachsender Neugier nach allem, was ihre fröhlichen Geschichten andeuteten, und dem leisen Gefühl, daß er sie wohl nicht so schnell durchschauen würde. Zusammen durchstöberten sie in ihren Gesprächen kleine Schatzkammern gemeinsamer Bilder und Ideale. Und irgendwann, als Ben wie zufällig nach dem Salzstreuer greifen wollte, lagen seine Finger ängstlich und fragend auf ihrer Hand; und sie ließ die leichte, fast unmerkliche Berührung zu. Selbst unsicher und voller Sehnsucht.

„Mein Paradies liegt mitten in der Welt“, dachte Ben überglücklich, während er sie nach Hause fuhr.

*

Als er diesmal mit seinen Gedanken in die Realität zurückkehrte, fühlte sich der Gartenarchitekt unglaublich wohl.

„So, jetzt muß ich einfach allen Mut zusammennehmen und sie ansprechen!“ bestärkte sich Ben. „Man kann nicht immer nur träumen. Sobald sie aus dem Café herauskommt und an mir vorbeiläuft, frage ich sie einfach, ob sie nicht Lust hat, heute abend mit mir essen zu gehen. Ich sollte ihr sagen, daß ich da einen tollen Italiener kenne, mit dem ich persönlich befreundet bin.“

In diesem Augenblick trat die verzaubernde Frau hinaus ins Freie und näherte sich Bens Tisch. Mit klopfendem Herzen und einem flauen Gefühl im Magen stand er auf und lief ihr entgegen. Doch als sie auf ihn zukam, fühlte sich sein Mund so trocken an, daß er nicht mehr hervorbrachte als ein heiseres „Amore“.

„Um acht Uhr“, sagte sie errötend. „Ich war gerade telefonieren und habe um acht Uhr bei Fino einen Tisch für uns zwei reserviert – nach all den Abenteuern haben wir uns das, glaube ich, verdient. Ach, was ich fast vergessen hätte: Ich heiße weder Eva noch Nicki oder Tina. Mein richtiger Name ist Rebekka. Aber vielleicht ist das im Paradies gar nicht so wichtig. Oder?“

Albrecht Gralle

Ein Finger voll Blut

Deine Nase hatte eine leichte, feine Biegung, und deine schwarzen Locken waren so ungestüm und wild wie deine Worte, die du manchmal über mich auszuschütten pflegtest und in denen ich mich jedesmal verfing wie in einem Netz. Denn ich bin nicht so redegewandt wie du.

Wenn du unsere Straße heraufkamst und ich dich zufällig vorher entdeckte, wurde mir ganz flau im Magen von deinem Gang, und ich begehrte dich in diesen Augenblicken so stark, daß ich dich am liebsten ins Haus gezogen hätte, um dich im Halbdunkel einer Nische zu küssen und noch ganz andere Dinge mit dir anzustellen.

Aber damals war die Zeit noch nicht reif. Du hattest mich ja kaum beachtet, und ich hätte bei dir keine Chancen gehabt.

Es wäre einfach gewesen, deine Eltern zu beeindrucken durch den Reichtum unserer Familie und auf diese Weise deine Aufmerksamkeit zu erregen. Aber wahrscheinlich wäre ich damit bei dir nicht angekommen.

Du hattest ja keine Ahnung, daß ich manchmal halbe Nächte lang wachlag und versuchte, dein Bild in mir lebendig zu halten, mir dein Gesicht vorzustellen, deine Brüste, den Schwung deiner Hüften ...

Den Duft deiner Haut, den ich einmal zufällig gerochen hatte, als wir uns bei der Hochzeit deiner Schwester flüchtig begegnet waren, habe ich nie vergessen können. Es war schon abends, und die Wirkung deines Parfums hatte abgenommen. Und ich weiß noch, wie du gelacht hast, als wir später zärtlich zueinander wurden, wie ich dich fast feierlich bat, an deinem Hals riechen zu dürfen.

Aber es war schwer, an dich heranzukommen, damals. Deine Eltern paßten auf dich auf wie zwei Hirtenhunde, die jeden anbellen, der ihrem kostbaren Schaf zu nahe kommt, und dann waren da deine vielen Verehrer, mit denen ich nicht mithalten konnte. Sie sahen eben einfach besser aus als ich.

Zum Beispiel dieser Große, Bärtige mit den vielen Haaren auf der Brust. Ich hab' jetzt seinen Namen vergessen. Er hatte eine wunderschöne Stimme und bewegte sich leicht wie ein Tänzer unter den Leuten.

Erst später hattest du dann einmal beiläufig gesagt, daß du Männer mit zuviel Haaren nicht ausstehen kannst. Aber das konnte ich damals nicht ahnen und kam mir neben dem Tänzer mit der sonoren Stimme wie ein häßlicher, ungeschickter, verklemmter Zwerg vor.

Wie ich ihn haßte! Ich hätte ihn mit meinen bloßen Händen erwürgen können! Und du hast deinen Charme immer reichlich versprüht, so daß Leute wie er sich Hoffnungen machten. Jedesmal war ich deprimiert, wenn ich mitbekam, wie du ihn angelächelt hast, ohne dir viel dabei zu denken.

Später, als wir einmal darüber redeten, hast du bei seinem Namen nur eine wegwerfende Handbewegung gemacht, so als sei er ein Stück Abfall gewesen.

„Er war mir zu eingebildet", sagtest du nur, „er war zu sehr davon überzeugt, wie schön er ist. Und das hat mir den Appetit verdorben."

Das erste Mal, daß du so richtig auf mich aufmerksam wurdest, das war an diesem Feiertag, der zu Ehren des Mondgottes Anschar-Sin gefeiert wurde. Ich hatte Schwierigkeiten bei der Feier, weil ich von zu Hause aus den Mondgott nicht verehre. Mein Vater hatte uns immer von einem Gott erzählt, der die Armen und Zerschlagenen liebt, der etwas übrig hat für Leute, die wie ein Abél, wie ein Hauch sind ...

Ein verrückter Gott muß das sein. Was kann er denn schon tun, wenn seine Verehrer keine Macht haben? So dachte ich jedenfalls, bis ich mich selber einmal nach einer schweren Krankheit kaputt und zerschlagen fühlte, da faßte ich Zutrauen zu dem Gott meiner Familie und fühlte mich bei den Feiern zu Ehren Anschar-Sins nicht mehr wohl.

Jedenfalls, ich stand damals in der Menge und sang den Kehrvers nicht mit: „Vater Anschar-Sin, Schoß, der alle gebiert, über den Menschen auf hohem Sitz thronend ..."

Als ich gedankenverloren über die Menge blickte, sah ich dich, wie du dastandest und wie deine Lippen sich nicht bewegten.

Wir sahen uns an, nur kurz. Ich sehe noch deinen erstaunten Blick.

Dann trafen wir uns zwei Tage später auf dem Markt. Du warst mit deiner Mutter unterwegs.

Wir begrüßten uns, und du fragtest mich, warum ich nicht mitgesungen habe. Da lächelte ich und fragte dich dasselbe. Und du hast zurückgelächelt.

Ich habe dir dann von meiner Familie erzählt, von dem Gott, den sie verehren. Aber da kam schon deine Mutter zurück, und wir verabschiedeten uns.

An diesem Abend sprach ich lange mit meinem Vater, ich fragte ihn über deine Familie aus, und da stellte sich heraus, daß wir weit entfernte Verwandte waren, aber kaum noch Kontakt hatten.

Ja, so fing alles an. Es kamen noch mehr Gespräche dazu, und ich begann, mir allmählich Hoffnungen zu machen. Irgend etwas an mir schien dir zu gefallen. Später sagtest du dann, du hättest einfach Vertrauen zu mir gehabt und dich in meiner Nähe wohlgefühlt.

Wir durften uns nicht öffentlich zusammen sehen lassen, das wäre eine Beleidigung unserer Eltern gewesen. Ich mußte dich ganz offiziell mit deiner Familie zum Essen einladen, um dich zu sehen und ein paar Worte mit dir wechseln zu können.

Und dann hattest du diese großartige Idee, dich zu entschuldigen, weil dir nicht gut sei. Du gingst hinaus und warfst mir einen Blick zu, der zu sagen schien: jetzt oder nie. Ich ließ dir einen Vorsprung, dann stand ich auch auf, um mich zu erleichtern, wie ich sagte.

Sobald ich den Innenhof verließ, hörte ich schon deine leise Stimme. Unsere Hände fanden sich, und wir versteckten uns hinter einem Mauervorsprung. Zum Glück war der Mondgott gerade dabei abzunehmen. Es war dunkel.

Und dann standen wir uns gegenüber. Ich wußte nicht, was ich sagen sollte, weil ich immer noch überrascht war von deiner Art, die Dinge in die Hand zu nehmen. Das war ich nicht gewohnt. Später hast du das auch gelegentlich gemacht. Manchmal zu rasch.

Wir schauten uns wortlos an, dann sagtest du zu mir: „Sag doch etwas! Oder bist du stumm?“

„Ich bin noch völlig überrascht.“

„So?“ meintest du erstaunt. „Bist du überrascht, weil ich dich mag?“ fragtest du weiter.

Ich starrte dich an und konnte es nicht fassen, wie offen du alles aussprechen konntest. Eine normale Frau hätte es nie gewagt, so etwas zu sagen. Sie hätte nie die Initiative ergriffen. Aber du warst keine normale Frau.

Du hattest vor kaum etwas Angst. Auch später nicht, als uns einmal die drei unheimlichen Männer besuchten.

„Bist du überrascht, weil ich dich mag?“ Dieser Satz hat mich umgehauen, und statt einer Antwort nahm ich dich in den Arm, spürte deine Locken an meinem Hals und roch deinen unvergleichlichen Duft.

Meine Hände gehorchten mir plötzlich nicht mehr und fingen an, deinen Körper zu streicheln und nach einer Öffnung in deinem Mantel zu suchen.

„He!“ riefst du halblaut, „nicht so schnell! Wir müssen wieder zurück. Sonst werden sie mißtrauisch.“

Du machtest dich von mir los und warst im Nu verschwunden, und ich stand da, noch ganz betäubt von deiner Gegenwart.

Dann ging ich langsam hinterher. Als ich bei meinem Vater vorbeikam, sah ich, wie er ein Lächeln unterdrückte. Er schien etwas gemerkt zu haben.

Die Hochzeit kam sehr schnell. Vielleicht dachten unsere Eltern, daß wir es nicht lange aushalten und dein Bauch bereits vor der Hochzeit anschwellen würde. Wahrscheinlich hatten sie recht. Wir hätten es wirklich nicht lange ausgehalten.

Ich vergesse nie, wie behutsam und verständnisvoll du mit mir umgegangen bist, als ich in der Hochzeitsnacht nichts zustande brachte. Ich war so aufgeregt, so betäubt von deiner Schönheit, daß es einfach nicht klappte und ich völlig verzweifelt war und dachte: Wenn du den anderen, den Schönling mit den Brusthaaren geheiratet hättest, der hätte diese Schwierigkeiten wohl nicht gehabt.

Aber mein Versagen schien dir nicht viel auszumachen, du hast nur gelächelt, hast mit dem Obstmesser, das in einer Schale neben ein paar Früchten lag, in deinen Zeigefinger gestochen und ein paar Tropfen Blut auf dem weißen Laken verrieben, obwohl du den Fluch kanntest, der die treffen soll, die in der Hochzeitsnacht das falsche Blut verschmieren.

Doch du hast dich darum einfach gar nicht gekümmert, du hast mich umarmt, hast geschrien und gestöhnt, so laut, daß es alle draußen hören konnten und hast dann das Laken aus dem Fenster geworfen, zu den alten Frauen hinunter, die wie eine Schar blutgieriger Wölfe vor unserem Haus lauerten, um das Zeichen deiner verlorenen Unschuld zu sehen.

Wir mußten beide lachen, als wir den Freudenlärm vernahmen. „So leicht kann man also Leute betrügen", sagte ich.

„Ja, so leicht."

Und ich weiß nicht wie, aber eine Welle voller Liebe zu dir ergriff mich, ich streichelte zärtlich deine Hände, deine Arme, deine Wangen, deine Brüste und alles, was ich finden konnte, und plötzlich waren wir Mann und Frau geworden, ein Rhythmus, ein Fleisch. Es war mehr, als ich beschreiben kann.

Und unsere Liebe wuchs, auch dann noch, als keine Kinder kamen, als wir wegzogen aus der Großstadt Ur, um dann in Haran hängenzubleiben.

Ich weiß, daß dich das sehr bedrückt hat, unfruchtbar zu sein. Du hattest an manchen Tagen rote Augen, und in manchen Nächten hast du dich fast besinnungslos der körperlichen Liebe hingegeben, mit dem Mut der Verzweiflung, als ob du dir dadurch ein Kind abtrotzen könntest.

Ich versuchte, dich zu trösten, so wie du mich getröstet hattest in unserer ersten Nacht. Und du hast meine Hand gedrückt und mich mit Tränen in den Augen umarmt, so daß mir selbst die Tränen kamen.

Unsere Liebe wurde so groß, daß wir dachten, nichts könne sie zerstören. Selbst als ich dich in die Arme des Ägypters trieb, aus purer Feigheit, wußte ich, daß du ihn nie so lieben würdest wie mich. Aber es schmerzte, und die Liebesspiele, die wir uns zwischendurch gestatteten, waren besonders einfallsreich. Vielleicht, weil wir beide ein schlechtes Gewissen hatten?

Und du triebst mich in die Arme einer anderen Frau, um durch sie Kinder zu bekommen. Und auch du wußtest, daß mein Herz dir gehörte. Und doch hast unruhig auf mich gewartet, in jener ersten Nacht, als ich von ihr zurückkam. Und ich merkte, daß es dir doch etwas ausmachte.

Aber nicht durch diese Affären wurde unsere Liebe klein, sondern durch andere, geringere Dinge: Streitigkeiten mit deiner Sklavin, die ein Kind von mir hatte, das wie ein lebendiger Vorwurf ständig vor deinen Augen herumlief. Jeden Tag den gesunden, lebendigen Jungen zu sehen und die Andeutungen und Sticheleien deiner Sklavin zu hören, das hat dich mürbe gemacht, denn du warst eine Frau, die alles haben konnte, was sie wollte, nur diese eine Sache war dir verwehrt worden.

Und da war unser Schweigen und unsere Bitterkeit, die sich langsam bis zu unserem Herzen durchfraß. Und da war diese unausgesprochene Frage: Was hat unser großartiger Aufbruch damals gebracht, als wir loszogen in das unbekannte Land?

Mein Vater war ja schon von Ur fortgegangen, um

Kanaan zu sehen, aber das Umherziehen hatte ihn so müde gemacht, daß er in Haran geblieben war, bis Gott mich rief. Ich weiß, daß du in manchen Nächten darüber nachgedacht hast, ob es richtig war, Haran zu verlassen. Haran und unser zweistöckiges Haus, das wir damals bewohnten. Ich weiß, daß das Leben in den Zelten an deiner Seele und an unserer Liebe genagt hat, denn du warst von deiner Natur her keine Nomadin, sondern ein Stadtmensch.

Aber dann hat sich Gott über uns erbarmt und uns einen Sohn geschenkt. Unsere Liebe blühte wieder auf.

Und jetzt liegst du hier. Tot. Und ich muß dich begraben, Sarai. Und doch hast du mir und unserer Familie mit deinem Tod einen letzten Dienst erwiesen. Ich habe mein erstes Grundstück auf dem verheißenen Land gekauft, um ein Stück Erde zu haben, auf dem ich dich beisetzen kann. Ich bin kein Fremder mehr, sondern Landbesitzer geworden im Land Kanaan, durch deinen Tod, Sarai.

Und ich weiß, daß der Gott, der den Abél, den Hauch liebt und die Blume, die aufblüht und verdorrt, daß er dich jetzt liebt, obwohl du tot bist. Und ich frage mich, ob ein Mensch wirklich tot bleiben kann, der von Gott geliebt wird?

Diesen Brief werde ich in das Tuch legen, in das sie dich morgen einnähen, denn der Brief gehört dir, und ich hätte ihn schon viel früher schreiben sollen, als du noch lebtest. Aber eine Abschrift werde ich selbst behalten, zur Erinnerung. Du hättest den Brief sicher gerne gelesen und hättest an manchen Stellen laut gelacht.

Leb wohl, Sarai, meine große Liebe.

Dein größter Verehrer: Abraham Ben Terach.

Gerrit Pithan

Eine Runde auf die Liebe!

Es war Abend in Corofin geworden, die letzte Wärme des Spätsommers kämpfte gegen die Kühle der Nacht, die von Osten her über das Land floß. Die Häuser und der Teer der Hauptstraße strahlten den Rest des Tages in das zunehmende Dunkel ab, während nach und nach die Fenster aufleuchteten. Ein einziger Fußgänger war zu sehen, der immer wieder von den Fenstern flüchtig angestrahlt wurde, wenn er ihr Licht kreuzte.

Douglas O'Neill hatte seinen kleinen Hof am Rand des Ortes verlassen, um – wie er es fast jeden Abend tat – in den Pub zu gehen. Seine wenigen Tiere hatte er versorgt, und der morsche Zaun war auch notdürftig repariert. In seiner Stube hatten seine Eltern streng aus dem Bilderrahmen geblickt, als er an der Tür noch einmal zurückgeschaut hatte. Seit Jahren schon wollte er all die alten Photos abnehmen, aber irgend etwas hatte ihn immer wieder davon abgehalten. Sein Hochzeitsbild hing auch dort und verschiedene Photos seiner Familie, daneben Bilder seiner Freunde und Mitkämpfer aus den alten Tagen der IRA. Bilder von Paraden in Dublin und Gruppenaufnahmen von Veteranentreffen rundeten die Sammlung ab. Es sind nicht mehr viele, die davon noch leben, dachte er. Wie so oft musterte er sich selbst auf den Bildern; da waren zwar die Erinnerungen, aber der Mann da war ihm fremd geworden. Er schüttelte den Kopf; je älter er wurde, desto mehr grübelte er. Die Bilder mußten wirklich weg.

Entschlossen hatte er seine Mütze aufgesetzt und seine Jacke angezogen. In der Innentasche knisterte etwas. Er stutzte für einen Augenblick, dann fiel ihm ein, daß es das Telegramm seiner Tochter war, das er eingesteckt hatte. Morgen würde sie am Bahnhof von Ennis ankommen. Zehn Jahre hatte er sie nicht gesehen, und jetzt wollte sie ihn aus heiterem Himmel besuchen. Nicht daß sie angefragt hätte, ob sie ihren Vater besuchen könnte, nein, sie kam einfach. Sie war wohl so impulsiv wie ihre Mutter geworden. Seine Hand hielt auf halbem Weg inne, denn er war sich nicht klar, ob er den Zettel vernichten sollte oder nicht. Schließlich griff er nach dem Lichtschalter und verließ das Haus, um sich auf den Weg zu machen. Er wollte nicht weiter an das Telegramm denken, es reichte, wenn er sich morgen damit beschäftigen mußte.

Immer noch war die Straße leer; bis auf ein paar Jugendliche, die an einer Fish-and-chips-Bude herumlungerten. Freundlich begrüßten ihn die Fenster von O'Sheas Pub, als er sich dem Haus näherte.

Stimmengewirr schlug ihm entgegen, als er in die Wärme und das Licht eintrat. Betty O'Shea blickte ihn fragend an und stellte ihm, als er nickte, ein Bier auf den Tresen. Aus dem Nebenraum hörte man das Klicken der Billardkugeln, bis Rose MacNamara auf ihrer Ziehharmonika ein Lied anstimmte. Nach dem ersten Schluck ließ die Anspannung in Douglas nach, so daß auch seine Körperhaltung gelöster wurde. Mit einem tiefen Gefühl der Behaglichkeit musterte er die Anwesenden. An einem Tisch saßen Timothy O'Reilly, der Leichenbestatter, und Sean Kennelly, augenscheinlich in ein Gespräch vertieft. Rose schaukelte ihr Instrument auf dem mächtigen Bauch, entlockte ihm Melodien und nippte in den Pausen an ihrem Glas. Nach einem Blick in den anderen Raum sah Douglas, daß der Viehzüchter Bruce Tomlinson mit Frank O'Shea Billard spielte. Als der Neuankömmling wieder an seinem Platz war, fiel ihm auf, daß O'Reillys Augen leuchteten und seine Wangen gerötet waren. In der einen Hand hielt er sein Glas, während er mit der anderen vor Seans Nase herumfuchtelte oder mit ihr auf den Tisch klopfte.

„Was ist los, Tim?“ rief Douglas.

Der Angesprochene wandte ihm ruckartig den Kopf zu, der auf einem langem Hals aus dem schwarzen Anzug ragte. Er holte tief Luft, wobei sein Adamsapfel groteske Bewegungen vollführte. Aus dem Takt gekommen, stammelte er etwas, bis Sean ihm beisprang und erläuterte, daß das

Geschäft des Leichenbestatters Konjunktur habe, er müsse übermorgen im Nachbarort eine Doppelbeerdigung ausrichten.

„Eine traurige Geschichte“, meinte O’Reilly, der sich wieder gefangen hatte. Bedauernd zog er die Schultern in seinem schwarzen Anzug hoch, als wollte er seinen leuchtenden Kopf darin verbergen. „Ein altes Ehepaar, erst starb sie an einem Herzinfarkt, und zwei Tage später folgte ihr Mann nach.“ Er schüttelte nachdenklich seinen Kopf und betrachtete den Pegel seines Bierglases.

„Ist das nicht wahre Liebe?!“ meinte Frank O’Shea im Vorbeigehen und kehrte dann mit zwei gefüllten Gläsern zum Billardtisch zurück.

„O ja, o ja“, stimmte ihm O’Reilly zu und strich sich mit einer Hand das strähnige Haar aus der Stirn.

Douglas nahm sein Glas und setzte sich zu Sean und Timothy.

„Wieso soll das wahre Liebe sein? Beweist sich die Liebe denn erst beim Todesdatum? Meiner Ansicht nach hatte der Alte eine schlechte Konstitution, oder er war unfähig, sein Leben alleine zu meistern.“

Rose MacNamara setzte ihr Instrument ab und blinzelte kurzsichtig durch ihre Brille.

„Was ist mit dir los, Douglas? Du bist ja heute so verbiestert, als hätte dich deine Frau nicht vor zehn Jahren, sondern vor einer Woche verlassen.“

Douglas schüttete mit einem Zug sein Bier hinunter. „An sie habe ich gar nicht gedacht. Meinst du, ich würde an unstillbarem Kummer eingehen, wenn sie ihrem Schöpfer gegenübertritt? Ich werde noch eines Tages auf ihrem Grab tanzen.“ Er sprang auf. „Rose, spiel, spiel für mich!“ Dann stemmte er die Hände in die Hüften und tanzte, während ihn Rose einen Moment musterte, um dann den Takt aufzunehmen.

Alle anderen im Pub hatten sich O’Neill zugewandt und applaudierten ihm. Als der Tanz beendet war, ging er zu seinem Platz und stützte sich auf die Lehne seines Stuhles.

„Na, tanzt so ein vergrämter Ehemann?!“

Erhitzt zog er seine Jacke aus, um sie an einen Haken

zu hängen. In der Innentasche knisterte das Telegramm. Schlagartig war er wieder ernst, es war nicht so leicht, den Sorgen zu entfliehen. Er seufzte und setzte sich mit einem neuen Glas wieder an den Tisch.

Geräuschvoll öffnete sich die Tür, und Hochwürden Nicodemus MacPhee betrat den Pub für sein abendliches Bier. Seine melancholischen Züge erhellten sich in einem Lächeln, als er in die Runde nickte. Kaum hatte er sich gesetzt, als sich die Tür erneut öffnete, um Mary Callaghan in sichtlich erhitzter Verfassung einzulassen. Unter lautem Seufzen ließ sie sich neben ihrer Freundin Rose nieder. Mit einer Hand wischte sie sich eine ihrer Locken aus der Stirn und wand gleichzeitig ihren schlanken Körper aus einer leicht verschlissenen Strickjacke.

„Warum sind Männer nur so kompliziert?“ stöhnte sie. „Einmal in der Woche soll Jim die Kinder zu Bett bringen und beaufsichtigen, aber jedesmal stellt er sich an, als solle er einen Frachter mit verbundenen Augen auf dem Liffey nach Dublin steuern. Verläuft der Abend dann friedlich, so sitzt er breit auf dem Sofa, wenn ich wiederkomme, und strahlt mit dem milden Lächeln eines Buddhas die volle Kompetenz eines perfekten Familienvaters und Hausmannes aus, der nicht versteht, warum Hausfrauen über ihre Arbeit stöhnen.“

Douglas beobachtete, wie sie ein Futteral hervorholte und ihre Klarinette auspackte. Die Harmonien der Ziehharmonika erhöhten ihr Tempo und vereinigten sich mit den perlenden Läufen der Klarinette zu einem fröhlichen Rheel. Tim, der Totengräber, grinste aus seinem zu groß geratenen Anzug und tippte den Takt mit dem Fuß. Doch trotz seiner feucht-fröhlichen Laune hatte man das Gefühl, daß ein großer schwarzer Vogel auf dem Stuhl hockte. Hinter den traurigen Zügen von Nicodemus MacPhee ruhte hingegen eine unergründliche Freude. Aber bevor Douglas länger darüber nachdachte, wechselte die Musik, und Rose sang das alte Lied von der Werbung Cuchullains um die schöne Emer. Alle im Pub lauschten den Aufgaben, die der Held zu bewältigen hatte, bis sich seine und Emers Liebe erfüllte.

„Zeigt sich nicht an Cuchullain, was Liebe ist?“ warf Frank O’Shea in die Runde, die noch dem Lied nachsann. „Unmögliche Aufgaben nimmt er auf sich, um seine Emer zu bekommen.“

„Und dabei stolperte er von einer Frau zur anderen“, spottete Sean Kennelly. „In Schottland zeugte er einen Sohn, den er später selber tötete. Ein schöner Held!“

Die heisere Stimme des alten Tomlinson mischte sich eifrig ein. „Die Liebe zu den Frauen treibt uns zu Höchstleistungen, und zugleich verletzen und zerstören wir sie. Alles, was wir anpacken, zerbricht.“ Seine Stimme war immer leiser geworden, aber trotzdem hatten ihn alle verstanden.

„Wen zerstört ihr, die Liebe oder die Frauen?“ fragte Betty O’Shea, die hinter dem Tresen Gläser füllte. Ihre Frage richtete sich an alle, aber ihr Blick suchte Sean, der mit dem Finger in einer Bierpfütze auf dem Tisch herumfuhr.

„Sollen wir dann besser gar nicht lieben?“ erwiderte er, während seine Augen an Frank O’Shea vorbei zu Betty blickten.

Schweigen fiel auf die Freunde, weil keiner eine Antwort wußte und jeder Angst vor ihr hatte. Nur Tomlinson brummelte leise vor sich hin.

„Wir müssen die Kreatur lieben, die Natur, das Vieh. Dort herrscht Klarheit. Wozu überhaupt die Menschen?!“

Inzwischen hatte draußen Regen eingesetzt und schlug gegen die Scheiben, so daß alle froh waren, im Warmen zu sitzen. Rose und Mary hatten sich ihren Instrumenten zugewandt und ließen das Schweigen in einer zarten Melodie verdämmern. Douglas O’Neill beugte sich zu Sean hinüber. „Weißt du, warum mich meine Frau verlassen hat?“ Ohne eine Antwort abzuwarten, starrte er die ausgestopften Fische an der Wand an und redete weiter. „Ich habe mein Land mehr geliebt als sie.“

Er blickte Sean an und erahnte ein Verstehen in dessen Augen, denn sie hatten beide in den Reihen der alten IRA gekämpft. Douglas hatte es sogar bis zum Offizier gebracht, aber sie waren sich in ihren aktiven Zeiten nie begegnet, weil Sean in Ulster gekämpft hatte.

„Das Land, die Freiheit, die Republik ... Mein Gott, wie hat mein Herz geglüht!" Er machte eine Pause. „Meine Träume haben sich erfüllt, und doch ist die Republik nicht so, wie ich es mir erträumt hatte."

„Was soll ich erst sagen?" meinte Sean. „Die sechs Grafschaften meiner Heimat sind noch immer nicht befreit, und ich mußte fliehen." Er trank einen Schluck. „Hast du nie an unserem Kampf gezweifelt, Douglas?"

„Nein, nie. Ich habe mit Leib und Leben für meine Idee, meine Liebe gekämpft. Zur Not hätte ich mein Leben gegeben. Überleben ist nicht immer der einfachste Weg."

„Ich habe immer gezweifelt, mich immer gefragt, ob es die Sache wert ist", stellte Sean versonnen fest. „Jedesmal, wenn ich die Menschen sah, war ich mir nicht mehr sicher, ob die Gewalt gerechtfertigt war. Aber die Zeit ist vorbei, ich mußte Ulster verlassen und liebe nun die Menschen."

Er lächelte, während ihn Douglas fixierte.

„Und die Zweifel sind vorbei?"

„Diese Zweifel sind vorbei, aber es kommen immer wieder neue. Liebt man die Richtige? Zerstört man vielleicht bestehende Bindungen? Wird man durch die Liebe selber zerstört? Kann man eine neue Enttäuschung verkraften, oder zerbricht man daran? Kann man den anderen überhaupt verstehen? Du siehst, die Fragen sind Legion, und es gibt keine Antworten."

„Und nun?"

„Wir müssen lachen, glauben, tanzen, singen und trinken; es sind die einzigen Waffen, die wir haben."

Mit diesen Worten stand er auf und ließ sich von Betty O'Shea zwei Guinness aushändigen. Bevor er wieder bei seinen Freunden Platz nahm, sprach Sean Kennelly noch mit den Musikerinnen, die darauf das bekannte Lied vom „Unschuldigen Mädel" intonierten. Mary hatte ihre Klarinette durch die Tin whistle ersetzt, während Rose MacNamara Betty aufforderte, die Strophen zu singen. Diese wischte sich die feuchten Hände ab, lehnte sich an den Tresen und schloß die Augen. Betty O'Shea war keine berauschende Schönheit, aber ihre etwas belegt klingende

Stimme war von einer fast greifbaren Sinnlichkeit, die alle Hörer in ihren Bann schlug. Als erstes sang sie den Refrain, in den dann alle nach den Strophen einstimmten.

„Ich war ein unschuldiges Mädel
Und habe das Leben geliebt;
Nun liege ich zwar in der Erde,
Doch meine Seele ist ungetrübt.

Ich tanzte in allen Spelunken
Und wanderte von Arm zu Arm;
Ich habe mit jedem getrunken
Und ging mit allen, ob reich oder arm.

Ein jeder versprach mir die Welt,
Wenn ich in seinen Armen lag,
Doch was sie mir gaben, war Geld
Und der Schmuck, den ich trag.

Irgendwann kam dann was Kleines
Und einer, der mich ehrbar gemacht;
Von ihm war dann zwar keines,
Dafür soff er und hat alles durchgebracht.

In seiner Gnade nahm Gott ihn von mir.
Meine Kinder lochten die Tommys ein;
Ich hab' nur noch dieses Land hier
Als Heimstatt für mein müdes Gebein.

Stehst du, Fremder, an meinem Grab
Voller Gedanken und Sorgen,
Dann schau nach oben und nicht hinab:
Es kommt ein neuer Morgen.

Ich war ein unschuldiges Mädel
Und habe das Leben geliebt;
Nun liege ich zwar in der Erde,
Doch meine Seele ist ungetrübt."

Als das Lied beendet war, spielte die Musik weiter, während sich die anderen wieder ihren Getränken und Gesprächen zuwandten. Douglas war inzwischen zu Whiskey übergegangen und suchte mit rotem Gesicht nach Hochwürden Mac-Phee, der bei Betty am Tresen stand.

„Hochwürden, ich bin erstaunt, daß Sie solche Lieder mit uns singen."

„Was meinst du, Douglas, sollte ich rote Ohren bekommen?"

O'Reilly, schon ziemlich angetrunken, kicherte albern. Nicodemus MacPhee ging auf ihn zu, legte seine Hand auf dessen Schulter und meinte, er solle langsam nach Hause gehen.

„Ja", rief Tomlinson vom Nebentisch, „sonst passiert dir wieder etwas wie vor fünf Jahren."

Wie von der Tarantel gestochen, sprang der Leichenbestatter auf, raffte seinen Anzug zusammen, eilte zu Frank, um zu zahlen, und verließ mit rotem Gesicht den Pub. Als sich der Priester auf den freien Stuhl setzte, fragte Sean, was denn damals geschehen sei. MacPhee lehnte sich lächelnd zurück und erzählte, daß es damals auch zwei Todesfälle gegeben habe.

„Timothy war darüber so glücklich, daß er schon am Nachmittag betrunken war und sich nur noch am Tresen aufrecht halten konnte. Am frühen Abend riß er sich dann doch los und ging mit seinem Gehilfen zum Friedhof, um die Gräber auszuheben. Bei dem einen Toten handelte es sich um den ehrenwerten Mr. James O'Connor, Ehemann der höchst ehrenwerten Prudence O'Connor. Er war Landwirt und Viehzüchter, ein großer Trinker und Sänger vor dem Herrn, ein strenger Familienvater und ein aufrechter Christ."

„Seine Frau hätte ihm auch die Hölle heiß gemacht, wäre er nicht immer mit ihr zur Kirche gegangen", warf Rose MacNamara ein.

„Prudence waren schon die Todesumstände ihres Mannes mehr als peinlich", ergänzte Tomlinson, „abgesehen von dem, was danach kam."

„Wieso war denn sein Tod so peinlich?" fragte Sean.

Bruce Tomlinson grinste über beide Ohren.

„James ließ gerade meine beste Kuh von seinem Bullen decken, als die Tiere ihn im Eifer des Gefechtes an den Zaun des Feldes drückten. Ich sprang ihm sofort bei, aber er muß innere Verletzungen gehabt haben. Mit wachsbleichem Gesicht stützte er sich auf mich und stöhnte mit Galgenhumor, daß wenigstens die beiden glücklich seien. Zwei Tage später schlief er friedlich ein. Das Kalb, das meine Kuh zur Welt brachte, nannte ich zur Erinnerung St. James."

„Am Tage der Beerdigung verließ der Leichenzug die Kirche", nahm Nicodemus MacPhee die Erzählung wieder auf, „wobei O'Reilly die Spitze bildete, um uns den Weg zum Grab zu führen. Der Kater ließ ihn bleich und hinfällig scheinen, als sei er der Hauptleidtragende. Der Zug trottete über die aufgeweichte Erde, während der Leichenbestatter immer elender aussah, je näher wir dem Grab kamen. Ganz grün im Gesicht, verzog er sich hinter einen Baum, als wir endlich die Stelle erreicht hatten. In seinem besoffenen Kopf hatte er zusammen mit seinem Gehilfen ein Riesengrab geschaufelt, als hätten wir die Absicht gehabt, James in seinem Kleiderschrank zu beerdigen. Alle stutzten und murmelten leicht amüsiert, während Prudence erst bleich und dann rot geworden war, aber sie mußte sich in das Unvermeidliche schicken. Schließlich gab ich ein Zeichen, und die Träger ließen den Sarg hinab. Ich hatte mich gerade hinter das Grab gestellt und blickte in Prudences Gesicht, in dem sich Trauer und Zorn die Waage hielten, als sich auf einmal gemessenen Schrittes ein zweiter Leichenzug dem Grab näherte. Hier muß ich nun erwähnen, daß zur selben Zeit die zugezogene Mrs. Pringle, eine Frau aus dem Norden, gestorben war. Sie hatte ein zurückgezogenes Leben in einem kleinen Cottage am Rande des nächsten Dorfes geführt. Niemand wußte etwas Negatives über sie zu sagen, aber eigentlich wußten wir überhaupt nichts von ihr, außer daß sie fünf erwachsene Kinder hatte, die sie hin und wieder besuchten. Als ich nun diesen Leichenzug sah, wurde mir schlagartig klar, daß O'Reilly nicht im Suff die rechten Proportionen vergessen hatte, er hatte vielmehr eine ökonomische Anwandlung gehabt und anstatt zweier Einzelgräber ein Doppelgrab gegraben. Prudence mußte mir mein Erstaunen angesehen haben, jedenfalls drehten sie und alle anderen Anwesenden sich erwartungsvoll um. Mein Kollege an der Spitze des anderen Zuges sah mir sehr erstaunt entgegen, aber ich konnte auch nur mit den Achseln zucken. Prudence hatte inzwischen die Situation begriffen und handelte blitzschnell. Breitbeinig stellte sie sich vor das Grab ihres Mannes und hielt ihren Schirm wie einen Degen gepackt. Die zarte Gestalt, deren Stimme ich sonst nur aus dem Kirchenchor kannte, brüllte wie ein Bierkutscher über den Friedhof. ‚Weg von meinem Mann!' schrie sie. ‚Verscharrt dies Ulster-Flittchen woanders!' Das andächtige Schweigen war mit einem Schlag vorüber, und beide Gruppen verstrickten sich in eine heftige Diskussion, so daß die Beerdigung beinahe in eine Keilerei übergegangen wäre. Erst als zwei Mann Prudence festhielten, konnte man sich einigen, und die Angehörigen von Mrs. Pringle kehrten mit ihrer Verstorbenen um. Dann brachten wir unsere Trauerfeier zum Abschluß, wobei allerdings der rechte Ernst zum Leidwesen von Prudence nicht mehr aufkommen wollte. Erst Tage später traute sich unser guter O'Reilly wieder in die Öffentlichkeit. Für Timothy war es natürlich ein schwarzer Tag gewesen, weil ihn seit diesem Vorkommnis jeder Kunde mit einem Grinsen daran erinnert, daß er ein *Einzel*grab bestellt habe."

Douglas griff schmunzelnd nach seinem Glas.

„Na, morgen kann er ja mit Fug und Recht ein Doppelgrab ausheben. Aber um wieder auf unser Thema zurückzukommen, Hochwürden, hat Prudence ihren Mann geliebt oder nur ihr Ansehen verteidigt?"

Der Priester fuhr sich mit der Hand über den weißen Stoppelbart.

„Ich könnte mich ja jetzt auf die Position zurückziehen, daß ich als Priester davon nichts verstehe, aber das wäre gelogen. Auch ich kenne die Liebe, denn selbst ich bin einmal jung gewesen. Hat Prudence James geliebt? Ja und nein. Natürlich hat er unter ihr gelitten und ihre verknöcherten Ansichten nur schwer ertragen, doch er war auch kein Unschuldslamm. Als er aber im Sterben lag, wich sie ihm nicht von der Seite. Sie war ihm eine große Hilfe, weil sie ihn nicht allein diesen letzten Schritt tun ließ; vielleicht war das der einzige Moment, in dem sie ihre Liebe zeigte. Vielleicht bestand die Liebe auch nur in diesem Moment; ist sie nicht trotzdem das größte Wunder, das es gibt?"

„So ist es, so ist es", stimmte ihm Sean zu.

„Frank", rief Douglas und hob sein leeres Glas, „eine Runde auf die Liebe!"

Die Gläser klirrten leise, als Frank und Betty sie füllten, während Mary auf ihrer Tin whistle eine leise klagende Melodie blies. Douglas setzte mit einem Knall sein Glas ab.

„Freunde, wir wollen doch nicht trübsinnig sein. Laßt uns singen." Mühsam stemmte er sich hoch und räusperte sich.

„Es lebte ein Mädchen in Kerry,
die liebten Tom, Dick und Harry;
sie wollte sich niemals entscheiden
und sich weiter an ihnen weiden.

Tom lockte sie ins Moor irgendwann,
und Dick nicht müßig erschlug sie dann;
Harry brachte sie unter die Erde flink,
dann ging's in den Pub auf 'nen Drink."

Danach sank O'Neill erschöpft auf seinen Stuhl, während sich Sean Kennelly zu Nicodemus MacPhee beugte.

„Sie sagten, daß Sie die Liebe zwischen Mann und Frau kennen würden?"

„Aber natürlich, ich bin ein großer Liebhaber."

Douglas schaute erstaunt auf, und auch Betty O'Shea und ihr Mann lauschten, während der Priester amüsiert schmunzelte.

„Als Kind habe ich meine Eltern geliebt, später verliebte ich mich in die Tochter des Metzgers, aber es wurde nichts daraus. Als Ire liebe ich mein Land, als Priester meine Gemeinde, und als Höchstes und Größtes liebe ich Gott, weil er mich geliebt hat. Letztlich sind alle Arten der Liebe Facetten dieser einen."

Frank O'Shea war dem Tisch immer näher gekommen und fragte nun, ob Letzteres nicht nur ein Ersatz für das sei, was ihm von Amts wegen verboten sei; Kunsthonig für den, der an richtigen Honig nicht herankomme.

Sean Kennelly schüttelte den Kopf.

„Dann wäre die Liebe zu Irland bei Douglas und mir auch keine richtige Liebe, ebenso Marys Liebe zu ihren Kindern. Unsere Liebe drückt sich in Taten aus, im Leben, nicht nur in innigen Gefühlen oder in Momenten der Ekstase, so wichtig die auch sind."

„Meinst du ernsthaft, auch Tomlinsons Liebe zu seinem Vieh sei meiner Liebe zu Betty vergleichbar?" spottete Frank.

Dem alten Viehzüchter am Nebentisch war die Zornesröte ins Gesicht gestiegen. Er fuchtelte mit der Hand in der Luft herum und warf im Eifer Marys Klarinette zu Boden.

„Aber mit Sicherheit!" brüllte er nach Luft schnappend. „Im Gegensatz zu deiner Ehe beruht die Zuneigung zwischen meinem Vieh und mir auf Gegenseitigkeit. Wenn Betty", er verbeugte sich etwas in die Richtung der Wirtin, „sich einem anderen zuwenden würde, so wäre dieser der glücklichste Mensch auf der Welt. Wer es auch sein mag, sie stünde in jedem Fall besser da als jetzt."

Der Wirt ließ sein Handtuch fallen und wollte gerade den alten Mann schlagen, als ihm Sean in den Arm fiel. Im Moment der Berührung richtete sich Frank O'Sheas Zorn auf Sean Kennelly und wurde eisig. Bleich geworden starrten sie sich ohne ein Wort an. Obwohl kein einziger Schlag fiel, spürten die Umstehenden, daß diese neue Auseinandersetzung tiefer ging und gefährlicher war als eine gewöhnliche Wirtshausprügelei. Douglas beobachtete, daß sich Betty vor Angst auf die Lippen biß. Um wen würde es ihr wohl mehr leid tun, Frank oder Sean, fragte er sich, aber das war eine Sache, die die drei irgendwann unter sich ausmachen mußten. Geistesgegenwärtig griff Rose MacNamara nach ihrer Ziehharmonika und beschwichtigte die erhitzten Gemüter mit einem fröhlichen Lied. Betty schickte ihren

Mann in die Küche und spendierte eine Lokalrunde. Douglas neigte seinen umnebelten Kopf über das volle Glas und leerte es, als ihm der Priester die Hand auf die Schulter legte.

„Komm, Douglas, wir sind auch nicht mehr die Jüngsten; Sean bringt den alten Tomlinson nach Hause, und wir gehören auch ins Bett."

Unentschlossen erhob er sich, um dann aber doch Hochwürden MacPhee zu folgen.

Die beiden Männer standen nebeneinander auf dem Bürgersteig und blickten die leere Straße entlang. Douglas schlug seinen Kragen hoch und vergrub seine Hände in den Taschen.

„Es wird Herbst", meinte er.

MacPhee grunzte etwas Unverständliches.

Die Kälte ließ ihn nüchtern werden, so daß ihm das Telegramm seiner Tochter wieder einfiel. „Morgen muß ich nach Ennis, um meine Tochter abzuholen; ich habe sie seit zehn Jahren nicht mehr gesehen."

„Wie alt ist sie denn jetzt?" fragte der Priester.

„Ich weiß nicht, zweiundzwanzig oder dreiundzwanzig." Verlegen, daß er so grundlegende Dinge nicht wußte, fischte er mit der Hand nach dem Telegramm und hielt es ins Licht. „Wissen Sie, ich habe Angst – nach den vielen Jahren."

„Vor dem Fremdsein?"

„Nein, das wäre nicht so schlimm, es wäre geradezu ein neuer Anfang. Ich befürchte vielmehr, in ihr ihrer Mutter zu begegnen, dieselben Vorwürfe und dasselbe Unverständnis zu spüren."

„Hast du nicht gehört, was Sean vorhin sagte? Tue ihr Gutes, sprich mit ihr, erzähl ihr von deinem Leben, von deinem Kampf für unser Land, von deiner Liebe. Laß sie an deinem Leben teilhaben, und du wirst sie lieben können. Wenn auf deiner Seite Liebe aufkeimt, ist das die Brücke, daß auch sie dich lieben kann, denn Liebe lebt vom Geben, nicht vom Empfangen."

Mit diesen Worten tippte er sich an die Mütze und ging zu seiner Kirche. Douglas sah ihm nach, bis ihn die Dunkelheit verschluckt hatte, dann drehte er sich um und schaute in das erleuchtete Innere des Pubs. Die Stimmung war wieder fröhlich, es wurde gelacht und gesungen, während Sean dem widerstrebenden Tomlinson in seine Jacke half. Lächelnd wandte er sich ab und ging los, denn er mußte morgen früh raus. Als er einige Meter gegangen war, blieb er stehen, weil ihn mit den Liedfetzen aus dem Pub die Vergangenheit wieder einholte. Sein Gang paßte sich dem Takt an, und er summte die Melodie leise mit, während er sich entfernte.

„Drauf auf die Tommys mit Lust,
Wir schützen Irland mit bloßer Brust;
Wir stürmen voran mit Hurra
In den Reihen der IRA ..."

Das Haus empfing ihn kalt und dunkel, aber der Alkohol und die Erinnerungen wärmten ihn. Und wieder blickte er auf die Wand mit den Photos, von denen er eines abnahm und ins Licht hielt. Er sah einen lachenden Mann, der er selber war, seine Frau in einem gepunkteten Kleid und zwischen ihnen ein kleines Wesen, das noch unsicher auf den Beinen war und nach den Händen der Eltern griff. Vorsichtig hängte er das Bild wieder an seinen Platz. Erstaunt schüttelte er den Kopf, er freute sich, er freute sich tatsächlich. Dann löschte er das Licht und ging zu Bett.

Frieder Sigloch

„Schön-weil-wahr"-Geschichte

Am 17. Juni hat alles angefangen, obwohl dem wahrscheinlich jeder philosophisch veranlagte Mensch widersprechen würde, denn wann der Ratschluß des Herrn über diese Geschichte gefällt wurde, wird man uns wohl erst im Himmel erklären. Ein Grund mehr, dorthin zu wollen.

Es war ein Konzerttag wie jeder andere. Einladen, losfahren, zu früh da sein. Ein paar pubertierende Mädchen haben Sportunterricht und rennen durch die Halle. Als sie fertig sind – endlich, denken wir, und die Sportgruppe denkt das noch viel mehr –, geht es los. Aufbauen. Podeste holen. Wo stellen wir die Boxen hin?

Ein Blick durch die Halle. Dominik. Anna. Mir fallen die Sprüche ein, die einer aus der Band letztes Jahr über Anna verloren hat. Sie waren damals nicht das einzige, was er verloren hat. Den Verstand fast und ein Stück seines Herzens. Noch ein Blick hinüber. Ich weiß warum. Neben Anna steht eine andere Frau. Sie wirkt ruhiger, konzentrierter, edler. Solche Frauen haben immer dieselbe Wirkung. Sie sprühen und blühen, und ich versuche, dieser Wirkung zu entkommen.

Ich beruhige mich mit Arbeit und der Tatsache: Wir haben eh keine Zeit. Wir haben ja noch einen anderen Termin zwischendurch. Die gemieteten BMW-Geräte stehen hufescharrend vor der Tür. Soundcheck „Sommerlang": „... Heut geseh'n. Bist noch genau so schön ... doch du weißt das nicht." Schade, daß du nichts weißt, aber gut so.

Also los. Rein in die Rakete, und ab Richtung Schwetzingen. Radio-Playback-Auftritt. Dort warten auf den blöden Auftritt vor zu wenig Publikum. Fußball-Weltmeisterschaft läßt grüßen. Ein verträumter Hinterhof in der Pause. Helmut hat ihn entdeckt. Eine andere Welt, eine Katze. Showbusiness? Weit weg. Auftritt.

Rückfahrt. BMW. Autotelefon. Noch eine Viertelstunde, dann sind wir da. Die andere Band spielt noch. Gut. Die Leute sind super drauf, heißt es. Leider nur drei- bis vierhundert.

Garderobe, kein Klo, kein Spiegel. Umziehen. Wer braucht was zu trinken? Ich bin nur noch müde, sonst spüre ich nichts. Eine Tussi von der Zeitung will sofort ein Interview, dauert nur zehn Minuten. Es werden immer 30 Minuten bei solchen Frauen. In fünf Minuten geht's los. Franz, der Manager, opfert sich und macht das Interview während des Konzerts. Er muß immer für sowas herhalten, und die Frau ist enttäuscht. Ein Typ kommt in die Garderobe gestürmt und will mit uns eine Firma gründen. Noch zwei Minuten. Ich verweise ihn an Franz.

Kopf freimachen. Müdigkeit, bitte hau ab! Beten. Nicht ein Milligramm Sauerstoff in der Garderobe. Adrenalin anwerfen, zehnmal Treppe rauf wie ferngesteuert und wieder runter. Schattenboxen mit Jacky. Die Pumpe läuft. Warum immer ich? Immer ich. Ich werde Keyboarder im nächsten Leben.

Licht aus, und los: „Ich weiß nicht wie ..." Konzentration bitte. Ich suche dich, finde dich nicht. Die Band paßt gut auf, zum Glück. Ich habe gleich im ersten Lied einen Vers ausgelassen, einen Zwischenteil gekürzt, den Refrain zur Hälfte vergessen. Niemand hat's gemerkt. Ich auch nicht. Meisterleistung.

Das Eineinhalb-Stunden-Programm ist nach zweieinviertel Stunden endlich am Ende. Ich war's schon deutlich vorher. Habe dich einmal kurz erahnt, zu kurz, um irgendwas zu spüren. Vertane Chance.

Abbau. Ihr verabschiedet euch. Ich will dich sehen, bitte. Wir reden fünf Minuten. Fünf Minuten, die alles verändern. Das weiß ich aber jetzt noch nicht, und spüren werde ich das auch erst später. Ich bin müde, und du willst gehen. Ich flehe, und du hörst es nicht. – Du hast es einfach überhört.

Einladen, abfahren. Zwei Stunden, und dann ins Bett.

Der Samstag ist grausam. Ich kann mich nicht mehr bewegen. Rückenschmerzen. Abends Urlaubsbesprechung. Massage von Margret, der Frau des Lichttechnikers. Sonntags bald los. Zwölf Stunden Fahrt insgesamt. Dresden und zurück. Zweimal BMW, einer wird ausgetauscht in Dresden. Fernsehsendung „Top 6 Lampenfieber". Bilder vom Videodreh. 1000 Mark Autotelefon auf Plattenfirma-Kosten. Keine Reue. Heimfahrt. Gedanken. Wie heißt du eigentlich?

Montag. Der Rücken schmerzt immer noch. Ich weiß jetzt, daß ich dir schreibe.

Anruf bei dem Veranstalter: „Roland, ich brauch die Nummer von Dominik, dem Gitarristen der anderen Band."

„Dominik, hallo hier Frieder. Bitte, ich brauche die Adresse von ..." Tja, von wem? Ich versuche, dich zu beschreiben – „Also, die Freundin deiner Freundin".

Totales Neuland. Daher der rote Kopf. Dominik sagt, ich muß mich beeilen, denn am Donnerstag habt ihr Semesterferien und fahrt heim. Und er sagt, du freust dich bestimmt. Für einen Moment denke ich, er hat das so geplant. Alles. Aber es geschehen Dinge, die kann man nicht planen. Zum Beispiel, daß ich dir wirklich schreibe. Ich schreibe dir, daß du die schönste Frau bist, die ich kenne. Äußerlich und innerlich. Viel mehr stand, glaube ich, nicht drin.

Warten.

Ich baue einen Briefkasten, damit dein Brief würdig ankommt.

Warten.

Poststreik. Wahrscheinlich bist du schon in Schweinfurt, und der Brief schimmelt in Holzminden. Oder in Frankfurt auf dem Hauptpostamt. Wieder Montag. Endlich ein Brief.

Ich merke, daß du mir noch völlig fremd bist. Vor lauter Warten habe ich das vergessen. Du schreibst so distanziert, scheinst sehr vorsichtig zu sein. Bin ich auch, aber ich will's nicht mehr sein. Irgendwann habe ich genug Mut, dich anzurufen. Die Telefonnummer hat Franz besorgt. Gute Seele!

Deine Stimme!

Nach wenigen Worten weiß ich, daß ich in dich verliebt bin. Der Klang, die wilde Sanftheit. Die Schönheit und der Wind haben ein Kind gezeugt.

Du schonst mich nicht, erzählst von Parties und vielen Freunden. Gerwig? Die Art, wie du Namen nennst, läßt das Männchen rasen, das mir immer alles schlecht machen will. Es gelingt ihm wieder, mir Angst zu machen. Ich will dich sehen, dich empfinden. Ich will, daß du die Angst zum Schweigen bringst.

Fete im Bauerloch. Ich fiebere. Ich glaube zu wissen, daß du die Frau fürs Leben bist. Irgendwann erzähle ich es dem Franz, damit es später nicht lächerlich klingt, wenn ich sage, ich habe es von Anfang an gewußt. Allerdings rechne ich damit, daß er und ich besser bald vergessen, daß ich das gesagt habe. Ich schreibe dir noch einen Brief von der Schönheit, vom Wind und von dir.

Die Schönheit und der Wind
haben ein Kind gezeugt,
schöner als die Unschuld, das ist sie.
Der Wind gab ihr die Wildheit,
die die Bäume beugt,
doch brechen wird sie selbst den Grashalm nie.

Die Schönheit und der Wind
haben ein Kind geborn,
edler als der König, der hoch thront.
Ich habe 1000 Jahre
wartend durchgefrorn,
ein Blick von ihr, dann hat es sich gelohnt.

Die Schönheit und der Wind
haben ein Freudenkind,
freier als der Vogel, der hoch fliegt.
Ihr Lachen tröstet Trauernde,
wo immer sie auch sind,
lauter als der Krieg, der niemals siegt.

Die Schönheit und der Wind
haben mir einen Wunsch gewährt,
ihre Hand in meiner – leises Beben.

Wär ich in alle Ewigkeit
vom Leben ausgesperrt,
dieser Augenblick wäre mein Leben.

Ich warte den ganzen Freitag, bis es 17 Uhr ist. Von jetzt an ist es möglich, daß du kommst. Wir müssen wieder das Equipment laden, und ich verschwinde für eine halbe Stunde und hoffe, du kommst nicht gerade, wenn ich weg bin. Sicherheitshalber mache ich dir eine Wegbeschreibung zum Proberaum.

Nach meiner Rückkehr, gehe ich zu den Nachbarn – Grillfete – und rede eine Weile mit ihnen. Ich warte auf deinen blauen Uno, aber er enttäuscht mich pro Minute vier- bis fünfmal durch Abwesenheit.

Als ich weg war, hast du mich angerufen, von Gerwig aus. Irgendwann rufst du nochmal an und sagst, daß du jetzt losfährst, und fragst mich nach der Strecke. „Gerwig kennt sich ja ein bißchen aus", ist einer der furchterregendsten Sätze. Ich will doch mit dir allein sein. Nicht den ganzen Abend, aber ab und zu. Ich will was von dir spüren, und das geht so nicht.

Gerwig ist richtig nett, aber heute hat er einen Scheißjob. Der Abend ist verdorben. Außer der Aussicht, daß du mich am Sonntag anrufst, war nichts. Ich habe nichts von dir gespürt. Nichts. Ich habe mich getäuscht.

Ich habe nicht viel geschlafen. Aber nicht – wie du gewettet hast – wegen dem Geräusch vom Kühlschrank oder weil ich keine Decke auf den Ohren hatte, sondern weil ich dich nicht verstanden habe. Wie konntest du nur!

Samstag um sechs Uhr aufstehen, halb sieben Abfahrt nach Gießen. Konzert und Workshops. Anstatt der sechs bis zehn Frontleute für das Thema „Interpretation und Frontgehabe", waren leider 25 Chorsänger da, die Atemübungen machen wollten. Mein Hoch der letzten vier Wochen war weg. Schade, ich hatte mich schon fast dran gewöhnt, mal länger als ein paar Stunden gut gelaunt zu sein. „Traurigkeit, du hast mich wieder" – mäßiges Selbstmitleid. Konzert und Heimfahrt.

Sonntag: Schlafen, wohnen, hoffen, wohnen, schlafen.

Dann dein Anruf. Komm allein, oder komm nicht, denke ich. Oder habe ich's gesagt?

Wir fahren ein Stück Richtung Hohenneuffen. Laufen barfuß durch den Wald und über Wiesen. Wenn du auf die Mücken schimpfst, spüre ich dich. Ich schütte dir nach und nach mein Herz aus und habe Angst, dir zu nahe zu treten. Du schweigst eisern. Ich werde immer unsicherer, aber ich tue es immer lieber, vor allem, nachdem du mit mir wenigstens über dein Schweigen sprichst.

Es wird Nacht, in der Hängematte sitzt du, mit meiner Bettdecke verwoben. Ich schütte den Rest meines Herzens aus, versuche aber dir und vielleicht auch mir noch eine Tür zum Rückzug zu lassen, damit du keine Angst bekommst. Außerdem, man weiß ja nie. Aber eigentlich ist das Türchen nur zur Wahrung der Sitten. Wir machen aus, daß wir ein paar Tage an die Nordsee fahren, zu zweit.

Nach Mitternacht fährst du heim. Ein kurzes Zögern, ob du bleibst. Eine gewöhnliche Abschiedsumarmung, nur ein bißchen leiser. Lautes Glück.

Montag, Dienstag, Mittwoch. Ich rufe dich nicht an. Der Freitag war ein zu harter Dämpfer, obwohl, am Sonntag und die Nordsee und ... Mittwoch nacht, 0.30. Deine Stimme!

Du bist zweimal eingeschlafen auf der Heimfahrt.

Du sprichst sehr vorsichtig und scheinst sehr darauf bedacht zu sein, keine Gefühle bezüglich des Wochenendes zu zeigen. Ich will's aber haben. Ich überwinde mich und erzähle dir meine Freitagsenttäuschung. Die Zeit der Überverantwortlichkeit ist vorbei. Ich schlucke nicht. Auf alle Gefahren der Welt hin.

Ich versuche dich zu spüren. Ich will dich sehen. Wann? Ich höre mich was Lächerliches sagen: „Gleich jetzt am Freitag, und bis Sonntag." Du hast mir vorher erzählt, daß du am Freitag zum Grillen eingeladen bist. Aber das Wunder geschieht und überrascht mich voll. Jetzt fällt mir ein: „Am Freitag habe ich ja ein Konzert, und am Samstag muß ich Fliesen legen und was schweißen." Jetzt bist du eisern: Konzert o.k. Für Samstag bringst du dir was zum Zeichnen mit.

Ich will, daß du alleine kommst. Ich sage es dir. Sicher ist sicher. Du machst mir unmißverständlich klar, daß du das jetzt begriffen hast. Noch eineinhalb Tage. Fassungslos.

Freitag morgens einladen, losfahren, eine überhohe Bühne und ein dubioser Publikumsplatz. Soundcheck, und ich schiele, ob du kommst.

Kurzzeitig flammt der Gedanke auf, ob du es wohl lächerlich findest, daß wir in so einem Bauernkaff spielen, am Arsch der Welt. Ich sage mir aber schnell: Das sind wir, so bin ich, und es reicht, oder eben nicht. Es tut mir sehr gut, derartig neue Gedanken zu haben. Manchmal verunsichert es mich, daß ich nicht nach altbewährter (?) Weise aufdrehen kann, um dich glücklich zu machen oder dich von was auch immer zu überzeugen. Aber selbst wenn ich es wollte, ginge das nicht, denn du bist viel zu eigenwillig. Das beste, was mir passieren kann. Die erste große Chance, das zerstörerische Spiel meiner bisherigen Freundschaften zu durchbrechen. Mir bleibt nichts anderes übrig, als mich dir so zuzumuten, wie ich bin. Das ist so schwer. Aber gesund.

Irgendwann stehst du da, und ich fühle, daß ich reif bin. Ich weiß noch nicht, wie und was ich mit dir reden soll, aber ich finde es komischerweise überhaupt nicht schlimm. Wir essen was und gehen spazieren. Jemand hat mir angedeutet, daß du lange nicht so hübsch seist wie in meinem verklärten Bild in mir. Ich weiß sofort, daß nichts davon stimmt. Die Schönheit und der Wind. Eine perfekte Liaison. Ich habe das Gedicht aus dem hohlen Bauch geschrieben. An diesem Wochenende wird jedes Wort wahr werden. Geliebte Intuition. Dafür, daß ich so wenig auf sie vertraue, erstaunt sie mich immer wieder.

Das Konzert war eiskalt. Ich hatte kein Gespür für die Leute. Die Bühne war zu hoch, und ich wußte nicht, wo ich war. Nur der Walzer war richtig gut, nicht zuletzt wegen dem Cello.

Abbau. Einladen. Alle meine Klamotten sind naß, weil ich vorher meine Tasche in die Ecke plumpsen ließ, kurz vor dem Umziehen. Die Flasche Wasser hatte ich leider vergessen. Du fährst heim und frierst total. Nebel. Irgendwann tauschen wir, weil ich behaupte, daß ich die Strecke kenne.

Das Feuer im Ofen und du neben mir auf dem Sofa besiegen mein Verantwortungsbewußtsein wegen dem Ausladen am Proberaum. Bald schlafen. Ich wünsche mir, deine Hand zu halten, und du machst mir gleich zwei Geschenke: Du hältst meine Hand, und dein Blick trifft mein Herz.

Samstag morgen. Du beginnst, dich zu Hause zu fühlen, und ich glaube, wir fangen an, uns aneinander zu gewöhnen. Ich spüre, daß es dir zu aufgeräumt ist. Im Laufe der Zeit sprechen wir darüber, und du versuchst, aktiv Unordnung zu machen. Etwas Neues hat begonnen. Ich vertraue dir meine Wohnung an. Nicht wie sonst, als ich versucht habe, jemand großzügigerweise gewähren zu lassen, um mir zu beweisen, wie sehr ich über den Dingen stehe. Ich vertraue dir.

Irgendwann kommen meine Mutter und mein Bruder. Sie fangen an, oben im Haus zu arbeiten. Wir gehen einkaufen. Rasierer-Ersatzteile gibt es nicht, aber die Himbeeren sind klasse. Anscheinend macht es dir Spaß, mir beim Rasieren zuzuschauen. Badeanzug von Moni und deine Traumfigur im Schwimmbad. Eigentlich ein Glück, daß du ewig brauchst, bis du im Wasser bist. Wieder zu Hause.

Nach drei Stunden Schweißübung mit Harald total verdreckt zurück. Du zeichnest, und ich lese einen Brief. Irgendwann hast du keine Lust mehr, und wir wursteln uns mit zwei Decken in die Hängematte. Mama und Bruder sind irgendwann weg, und der obercoole Ansager beim Autokino-Anrufbeantworter macht berechtigte Hoffnungen auf einen schönen Abend. Wir reden darüber, wie verschieden wir sind, und ich versuche, dir alle meine Ängste und Erkenntnisse bezüglich Freundschaften zu erklären. Wir beschließen aufzuschreiben, was wir gemeinsam haben. Langsam verlieren wir die Angst vor unserer Verschiedenheit.

Auf der Fahrt erzählst du mir Frau Holle. Ich beobachte, daß ich an deinen Lippen klebe. Autokino, Käse, Brot, zwei Decken und erste sanfte Zärtlichkeiten. Der Film ist mäßig, und du schläfst ein. Heimfahrt. Deine Hand. Ich beobachte, wie meine Hand sich in deiner wohlfühlt. Meine Hände haben sich voll in dich verliebt. Es ist schön, auszusteigen und dich vorsichtig zu umarmen. Schlafen. Sonntag. Lange schlafen. Irgendwie hat sich ein feines Band zwischen uns gewoben. Ganz von alleine. Ich habe nichts dazu getan. Um so fassungslos glücklicher machst du mich.

Franz kommt zum Salatessen. Wir freuen uns auf den Motorsegler-Rundflug, aber einfach daliegen und streicheln ist schöner. Hoch zum Flugplatz, die Steige hoch, Hülben. Alle Piloten haben zuviel getrunken, und keiner will mehr fliegen. Einer ist doch bereit. Wir müssen drei Plätze bezahlen und beschließen, uns für drei Passagiere zu freuen, auch wenn wir nur zu zweit sind. Fällt uns nicht schwer. Immer weniger Ich und Du, immer mehr Wir. Rundflug. Eine Viertelstunde ist schnell vorbei. Die angeheiterten „Damen" am Flugplatz und ihr Humor lindern die Tatsache, daß nach der Landung der Flug vorbei ist. Heimfahrt, du setzt dich auf die Armlehne und fängst an zu lenken. Deine Wildheit tut gut. Vielleicht ist 28 doch noch nicht so alt. Dein Lieblingslied ist deshalb so schön, weil es zu dir paßt. Ein dicker Punkt mehr auf unserer Liste der Gemeinsamkeiten. Bei hundert wird geheiratet.

Letzte Nacht habe ich von dir geträumt: Wir tanzten durch eine Fabrikhalle, und es war Liebe auf den ersten Blick. Wir haben nicht miteinander geredet, weil du aus Ungarn warst. Irgendwann hast du mir dann gestanden, daß du einem anderen versprochen bist. Ein netter Junge, aber selbst im Traum völlig fremd. Es hat wehgetan, weil ich wußte, daß wir etwas Besonderes haben. Ich habe lange mit mir gerungen. Deine Eltern (Ferenc und seine Frau, die ich wirklich aus Ungarn kenne), dein dir Versprochener und seine Eltern saßen um einen Tisch. Ich bin zu ihnen hin und wollte ihnen erklären, daß ich dich liebe und brauche. Leider hat mich mein Englisch verlassen, und sie haben nicht zugehört. In meiner Verzweiflung bin ich hin zu „deinem Vater" gerannt und habe um deine Hand angehalten. Seine gütigen, verständnisvollen Augen waren der einzige Trost in dieser Nacht. Und natürlich dein Anblick am Morgen. Manchmal ist die Wirklichkeit schöner als jeder Traum. Danke.

Nach dem Fliegen zu Jochen und Heidi. Ein bißchen komisch. Wir haben die beiden abgelöst beim Federballspielen, haben uns gehetzt und uns gegenseitig genügt in der staubigen Langeweile. Irgendwann abgeseilt mit Hinweis auf Frühstück mit den beiden bei mir tags darauf, in der Annahme, daß du dann schon weg bist.

Aufs Bett legen. Irgendwann die erste sanfte Andeutung eines Kusses. Langsam angepirscht und jeden Atemzug genossen. So verschieden sind wir nicht. Du erzählst mir, wie du zu mir stehst. Ich vergrabe mein Gesicht im Kissen, damit es dir leichter fällt. Ich finde es schön, daß du dir Zeit läßt. Noch schöner aber ist es, daß du da bist und wir uns so nahe sind. Ich verspreche aufzuhören mit Fingernägelkauen. Wir planen eine Hängematte zu bauen. Fußball schauen. WM-Endspiel. Du bist für Brasilien, ich schlage mich auf die Seite der Italiener. Spannendes Spiel mit wenig Action auf dem Spielfeld. Aber deine Kommentare waren klasse. Schönheit und Wind immer wieder. Unglaublich treffend. Italien verliert beim Elfmeterschießen. Egal. Für mich war's der glücklichste Tag. Geborgenheit pur. Nur sanft. Immer wenn du aufstehst und durchs Zimmer gehst, muß ich dich anschauen. Ich muß.

Du beschließt, bis Montag zu bleiben. Ich bin voll von dir, und ich sauge dich doch mehr und mehr auf. Aber es scheint noch mehr da zu sein, als in mich reinpaßt. Ich erkenne langsam, was passiert. Alle Rätsel der letzten drei Jahre lösen sich auf. Ich verstehe, was meine Freunde mir immer sagen wollten. Du scheinst die Antwort auf alle Fragen zu sein. Ich bin versucht, dich für immer festhalten zu wollen. Verzeih.

Montag morgen. Kurz aufstehen für den Briefträger. Wieder ins Bett. Ein Traum in Haut und Klamotten. Es wird immer mehr. Brötchen kaufen. Jochen und Heidi zum Frühstück. Hausbesichtigung. Es ist schön, mit dir ein Team zu sein. Unser völlig offensichtliches Geheimnis gibt so viel Kraft.

Wir allein.

Mittagessen bei Frank und Tina. Vegetarier haben's schwer? Tina etwas verunsichert. Ich habe dich als meine große Liebe vorgestellt. Jedes Wort war wahr. Ihre beiden Kinder und du. Mein Verantwortungs- und Miesmache-

Männchen hat kapituliert. Endlich. Zurück nach Hause. Verabschieden tut weh. Ein kleines Stück des Todes.

Ich lege mich ins Bett. Zum allerersten Mal ist meine Wohnung leer, wenn ich alleine drin bin. Herzkrampf, der sich nicht löst. Fesselt mich mit vergrabenem Gesicht ins Bett.

Büro, Dani, zu Hause aufräumen, Essen und Probe. Alle Saiten in mir spielen deine Akkorde. Morgen geht's nach Lanzarote. Wohin? Südlich von dir. Weg von dir. Ein Trost: Wenn ich wiederkomme, wartest du vielleicht schon bei mir, weil du auch aus dem Urlaub kommst. Zu diesem Zweck installiere ich den Hausschlüssel mit einem Magneten im Briefkasten.

Ich rufe dich an, und wir tun uns gut durchs Telefon. Sehnsucht. Zwei Wochen sind zu lang. Wir haben ausgemacht, daß wir uns mindestens alle 21 Tage sehen müssen. Blödsinn, wo schon zwei Wochen 1008 Jahre zu lang sind.

„Schlaf, komm noch nicht über mich, bitte, ich muß noch an sie denken."

Dienstag, sieben Uhr. Packen. Duschen. Ein Brief an dich, den Dani mitnimmt. Ein Brief von Dani. Erst in Lanzarote öffnen. Es sind Bilder drin von dir. Ich weiß es sicher. Die Urlaubscrew in den VW-Bus.

Jetzt sind wir hier, und ich versuche zu genießen. Es hat eine neue Zeitrechnung begonnen, mit dir. Manchmal habe ich Angst, daß die Geschichte nicht weitergeht. Ich will dieses Mal nicht aufhören, nur weil man gehen soll, wenn's am schönsten ist. Dieses Mal nicht.

Und weil die Details immer nebliger werden, habe ich die schönste aller Geschichten aufgeschrieben.

Der Mann fürs Leben

[illegible]

Sylvia Renz

Der Mann fürs Leben

Die letzten Töne des Orgelchorals schwebten durch den Raum. Jutta strebte dem Ausgang zu und stolperte fast über einen jungen Mann, der ihr seltsam bekannt vorkam, obwohl sie sich nicht erinnern konnte, ihn schon einmal gesehen zu haben. Er sagte nichts und senkte die Augen, als sie ihn flüchtig musterte: mittelgroß, dunkelhaarig, weder aufregend noch unangenehm. Sie wollte gerade weitereilen, als es sie durchfuhr wie eine Eingebung, eine Botschaft aus einer anderen Welt: „Das ist der Mann fürs Leben!" Sie war verblüfft. Der geheimnisvolle Fremde war längst in der Menge untergetaucht, als sie immer noch dastand und versuchte, sich an sein Gesicht zu erinnern. Wer war das?

Einer ihrer Freunde erkannte ihn an der Schilderung und verriet ihr den Namen: Andreas Schäfer. Wie im Nebel ging sie hinaus, bestieg die falsche Straßenbahn und merkte es erst an der Endstation. War sie verliebt? Unsinn! Dieser Fremde sah ihrem Traummann kein bißchen ähnlich: Groß sollte er sein, mit breiten Schultern, sportlich durchtrainiert, mit Grübchen in den Wangen, vielleicht auch eines im Kinn – aber darauf konnte sie notfalls verzichten. Allerdings waren Locken ein Muß, vorzugsweise blond.

Sie kannte solche Männer, aber die hatten bisher immer nur mit ihr herumgealbert und sie „kleine Schwester" tituliert. Sechzehn war ein elendes Alter, jeder hielt sie noch für ein Kind, doch sie fühlte sich schon restlos erwachsen. Manchmal dachte sie, die Zeit verginge absichtlich so langsam. „Aber wartet nur, ich *werde* älter. Ganz bestimmt werde ich das!" prophezeite sie, weil sie wußte, daß von allen Wünschen eines Teenagers wenigstens dieser eine garantiert erfüllt wird. Nur konnte ihr keiner garantieren, daß die blonden, breitschultrigen Traummänner dann noch zu haben waren ...

*

Die unfreiwillige Stadtrundfahrt hatte nur wenig zur Klärung ihrer Gedanken beigetragen; der Widerspruch blieb – einerseits ihre festen Vorstellungen, wie „ER" auszusehen habe, andererseits dieser Fremde, von dem eine geheimnisvolle Stimme behauptet hatte, er wäre ihr „Mann fürs Leben". Dabei nahm sie solche Tips nicht leicht.

Wenn es den Gott gab, von dem die Bibel erzählt – und davon ging sie aus –, dann hatte er persönlich die Liebe erfunden. Und kannte jeden Menschen bis ins Detail, weil er alle ins Leben gerufen hatte. Folglich wußte er am besten, wer zu wem paßte, und konnte problemlos eine Begegnung der jeweiligen Kandidaten arrangieren. Man mußte ihn nur darum bitten und die Augen offen halten. „Aber bitte sag es mir deutlich genug, damit ich's nicht überhöre!" hatte sie ihrer Bitte noch hinzugefügt.

War der Gedankenblitz von heute etwa schon ein entscheidender Hinweis gewesen? Oder ein Produkt ihrer übereifrigen Phantasie? Aber dann hätte sie sich doch nicht so einen ausgesucht! Sie war ratlos.

Zu Hause sperrte sie sich in ihrem Zimmer ein und schrieb in ihr Tagebuch: „Heute hab ich den Mann getroffen, der mich angeblich heiraten wird. Er heißt Andreas Schäfer. Weiter weiß ich nichts über ihn. Jutta Schäfer – wie sieht das aus? Nicht übel, was?" Sie übte die Unterschrift dreimal, dann klappte sie das Tagebuch zu, ging schlafen und vergaß diese Episode, als hätte ihr einer mit einem riesigen Radiergummi das Hirn durchgerubbelt.

*

Drei Jahre später. Juttas Freundeskreis war gewachsen. Ihre Eltern schätzten ein volles Haus, und in letzter Zeit waren viele junge Amerikaner aufgetaucht. Sie mußten in Frankfurt ihre Militärzeit als Sanitäter abdienen, und weil sie aus christlichen Elternhäusern stammten, wollten sie ihre Freizeit nicht in Kneipen und Kinos vertrödeln, sondern sinnvolle Kontakte suchen. Da nur wenige Mädchen gut Englisch sprachen und bereit waren, sich mit diesen Jungen abzugeben, wurde Jutta schon bald umschwärmt wie ein Strauch Sommerflieder von den Pfauenaugen. Die Jungen überboten sich mit Komplimenten und Einladungen. Wer würde es schaffen, Jutta als „girlfriend" zu erobern?

Rusty mit seinem Teint von Milchkaffee versuchte es mit Musik. Sie spielten vierhändig miteinander Klavier, und wenn sich ihre Finger berührten, senkte Rusty die Wimpern, die viel zu dicht und viel zu lang waren für einen Mann, und erbraunte sacht. Einmal kratzte er seinen Mut zusammen und streichelte ihre Hand. Jutta lächelte unschuldig und sagte: „Ach, weißt du, Rusty, du bist wie ein Bruder für mich!" Da ließ er ihre Hand wieder los.

Bill, dünn und so lang, daß ihm Arme und Beine ständig im Weg waren, hatte als Werbemittel die Lyrik gewählt. Er brachte zerfledderte Gedichtbände mit und las ihr stundenlang daraus vor. Wenn ihr ein Text gefallen hatte, dann leuchteten seine Augen hinter der dicken Hornbrille auf, und er sah sie schmachtend an und schwieg und guckte und schwieg, bis ihr die Spannung auf die Nerven ging und sie unter einem Vorwand aus dem Zimmer schlüpfte.

Bob, der durchtrainierte Zweimeterturm mit seinem – wie er meinte – unwiderstehlichen Zahnpasta-Lächeln und einem Pfund Gel im Haar, probierte es anders. Er überschüttete Juttas Mutter mit Komplimenten, schleppte Rosensträuße und Eiskremschachteln heran und überschlug sich fast vor Liebenswürdigkeit. Jutta ließ sich allerdings nicht einwickeln; sie hatte entdeckt, daß er zwei Gesichter hatte und seine Untergebenen und Kameraden schikanierte. Sie konnte ihn nicht leiden und behandelte ihn abweisend und beinahe unhöflich. Aber das spornte seinen Jagdeifer noch an. Wenn er sie zwischen Tür und Angel zu fassen bekam, säuselte er ihr ins Ohr: „Du bist das schönste Mädchen der Welt!"

Jutta wußte es besser, schließlich gab es Spiegel im Haus, und sie hatte plumpe Komplimente seit jeher verabscheut.

„Laß mich los, Bob. Ich mag das nicht", knurrte sie.

„Aber du gefällst mir. Ich möchte dich heiraten."

„Nein und nochmal nein."

„Aber warum nicht?“

„Ich liebe dich nicht!“

„Das macht nichts. Du wirst schon noch lernen, mich zu lieben. Und wenn nicht, auch kein Problem, meine Liebe reicht für uns beide.“

Seine Hartnäckigkeit erstaunte alle. Je kühler ihn Jutta abblitzen ließ, um so eifriger umwarb er sie. Die Rosen wurden langstieliger, und die Kühlbox konnte die Eispakete kaum noch fassen. Inzwischen war Juttas Mutter hingerissen von Bobs vermeintlichem Charme. Als Jutta eines Tages früher als erwartet von der Schule nach Hause kam, hörte sie durch die Wohnzimmertür, wie Bob ihre Mutter tatsächlich mit „Muuuti“ anredete und Hochzeitspläne schmiedete! Höchste Zeit für energische Gegenmaßnahmen.

Am nächsten Abend belagerte wieder einmal ein Rudel amerikanischer Gäste das Haus. Jutta schlenderte durch die Räume und pickte sich einen nachdenklichen Jüngling heraus, den sie bisher kaum beachtet hatte. Er löffelte gerade in einer stillen Ecke sein Walnußeis, als sie sich zu ihm setzte.

„David, hast du morgen abend schon etwas vor?“ fragte sie rundheraus. Ihm fiel der Löffel in den Teller. „Was – was hast du gesagt?“

„Ich möchte mich morgen abend gerne mit dir verabreden.“

Er wurde glutrot und schüttelte den Kopf.

„Nein, sowas mach’ ich nicht – einem anderen die Freundin ausspannen“, versicherte er.

„Ich bin niemandes Freundin.“

„Aber Bob sagt ...“

Jutta seufzte: „Er sagt alles mögliche. Wahrscheinlich behauptet er auch, er hätte den Reißverschluß erfunden. Nein, ich bin nicht mit ihm zusammen, im Gegenteil. Ich kann ihn nicht ausstehen.“

„Wieso erzählt er dann überall herum, ihr würdet demnächst heiraten?“ staunte David.

„Er will einfach seinen Kopf durchsetzen. Er ist so aufdringlich – mir graust vor ihm ...“ Sie schwieg eine Weile, dann fragte sie leise: „Würdest du mir helfen, ihn irgendwie – abzuhängen?“

Sie mußte den richtigen Ton getroffen haben, denn David sprang auf und salutierte zackig.

„Yes, Ma'am!“ rief er. „Stehe zu Diensten. Mit diesem alten Philister werden wir schon irgendwie fertig. Also morgen abend um acht, okay? Operation Goliath!“ In seinen Augen tanzte der Schalk: „Endlich kann ich diesem arroganten Kerl eins auswischen. Er hackt schon seit Wochen auf mir herum!“

„Warum?“

„Keine Ahnung. Vielleicht gefällt ihm meine Nase nicht.“

Jutta betrachtete seine Nase. Tatsächlich, sie war schief.

„Hab' ich mir bei einer Rauferei gebrochen, damals, in meiner Hippie-Zeit“, gestand David. „Ich war ein *Hallodri*, habe Hasch geraucht und mich regelmäßig betrunken. Es gab keine Internatsregel, die ich nicht gebrochen hätte. Schließlich flog ich aus der Schule. Also lief ich von zu Hause weg und lebte in einer Kommune in San Francisco.“ Er hob die Schultern. „Ich hab' damals so viel Zeit vergeudet, so viel Geld. Mit meiner Gesundheit ging's bergab, und mit den Nerven meiner Eltern auch. Heute bereue ich diese Zeit.“

Jutta fühlte sich durch sein Vertrauen geehrt und dachte: *Da hab ich einen guten Fang gemacht.*

„Eins noch“, sagte David. „Nur damit du klar siehst: Ich habe nicht vor, mich in dich zu verlieben.“ Er lächelte, und sie bemerkte, daß er immerhin *ein* Grübchen aufweisen konnte. „Nach der Militärzeit möchte ich aufs College gehen und später Theologie studieren. Dafür muß ich eisern sparen. Ich kann es mir nicht leisten, dich mit Glanz und Gloria auszuführen.“

Damit war bei Jutta der letzte Zweifel ausgeräumt. „Hör zu, David. Ich will mich auch nicht in dich verlieben. Wir sind einfach gute Freunde. Wir gehen miteinander spazieren und reden, weiter nichts. Und wenn ich mal ein Eis brauche oder eine Limo, dann bezahle ich selbst.“

David schluckte schwer. Der letzte Punkt verstieß offensichtlich gegen seine amerikanische „Mannesehre“.

„Ihr deutschen Mädchen seid so anders“, murmelte er.

Jutta zuckte die Achseln. „Mein Vater hat mich zur

Unabhängigkeit erzogen. Ich will frei bleiben, verstehst du?"

Er nickte. „Gut. Wir sind beide gute Freunde. Und frei." Sie besiegelten ihren Pakt mit Handschlag.

Keine fünf Sekunden später kam der unvermeidliche Bob vorbei und entblößte sein Gebiß zu einem Haifischlächeln. „Ich habe zwei Karten für Holiday On Ice für uns ergattert. Für morgen abend, Baby."

Sie war ganz begeistert, als Baby bezeichnet zu werden, und sagte: „Das geht nicht, Bob, ich habe schon etwas anderes geplant ..."

„... was du doch bestimmt verschieben kannst, Honey." Aus seinem Mund klang dieses Kosewort wie eine Drohung, und sein Moschusparfüm waberte als Kriegsmantel um ihn herum. „Immer hast du irgendwelche Ausreden. Aber diesmal werde ich mich nicht abwimmeln lassen. Die Karten waren teuer genug. Wir gehen morgen zusammen dorthin, und basta!"

Jutta straffte sich und sagte: „Nein, ich werde morgen nicht mit dir ausgehen. Auch nicht übermorgen. Ich habe einen anderen Freund. Das mußt du akzeptieren."

Die Kinnlade stürzte ihm ab, und sein ratloser Blick entlockte Jutta einen Teelöffel voll Mitleid.

„Mach dir nichts draus, Bob. Liebe kann man eben nicht herbeipfeifen. Du wirst schon ein nettes Mädchen finden, das dich mag." Sehr überzeugend kam das nicht, und sie rannte hinaus, bevor er sich von seiner Bestürzung erholt hatte.

Am nächsten Abend klingelte es pünktlich um Acht. David.

„Here I am, Ma'am", sagte er und grinste mühsam. Sein Gesicht war verschwollen, das eine Auge veilchenblau. Die Nase stand um 10 Grad schiefer im Gesicht als vorher.

„Du liebe Zeit!" rief Jutta. „Wie siehst du denn aus?!"

„Du müßtest Bob erst mal sehen ... Darf ich reinkommen?"

Sie zog ihn ins Wohnzimmer und holte ein Kühlkissen für das Auge.

„Es ist schon viel besser geworden", behauptete er. „Das

ist gestern abend passiert, im Waschraum. Bob hat gewartet, bis alle anderen draußen waren. Dann hat er von hinten angegriffen. Ohne Vorwarnung."

„So hatte ich mir die ‚Operation Goliath' nicht vorgestellt", murmelte Jutta.

„Damit mußte man rechnen. Dachtest du wirklich, Bob würde so einfach aufgeben? Er ist schrecklich eitel", verriet David, „und er kennt keine Skrupel. Eigentlich hatte ich keine Chance gegen ihn. Seine Boxhiebe kamen so schnell, daß ich kaum ausweichen konnte. Zuerst wollte ich gar nicht zurückschlagen. Aber dann brachte er mich in Wut. Er sagte nämlich: ‚Jetzt mach' ich dich platt, dann kann dich Jutta als Hamburger vernaschen. Wir wollen doch mal sehen, mit wem sie in Zukunft ausgehen wird!' Da wurde mir klar, daß ich siegen *mußte,* um deinetwillen. Ich kämpfte, so gut ich konnte, und plötzlich ging er zu Boden. Ich muß ihn empfindlich getroffen haben. Weißt du, er ist ein Held im Austeilen, aber wenn er mal was einstecken muß, dann bleibt von dem stolzen Offizier nicht mehr viel übrig. Er lag da wie ein Jammerlappen ... Ich legte ihm ein nasses Handtuch auf den Kopf und holte ein paar Kameraden, und wir bugsierten ihn ins Bett. Er stöhnte noch eine Weile vor sich hin, dann schlief er ein. Heute nahm er sich dienstfrei. Er ist zu stolz, sein Veilchen spazierenzutragen."

„Und du schämst dich deswegen nicht?"

Er lächelte: „Warum sollte ich? Hab' ich mir ehrenvoll erworben!"

Jutta sagte leise: „Das hab' ich nicht gewollt. Du hast dir wegen mir ein blaues Auge geholt. Tut es sehr weh?"

Er zuckte die Achseln. „Wenigstens sind es produktive Schmerzen. Du wirst in Zukunft Ruhe vor ihm haben." Und dann sagte er beinahe fröhlich: „Weißt du, einen Vorteil hat es schon, wenn du dich mit so einem Riesenkerl prügelst – du kannst hinhauen, wo du willst, du triffst immer!"

*

Der Frühling zog in Frankfurt ein, in den Anlagen blühten Primeln, Stiefmütterchen und Gänseblumen, und Juttas Spaziergänge mit David wurden zur lieben Gewohnheit. Sie unterhielten sich über Musik, Kunst, Religion, Kultur und Geschichte und spekulierten über das, was in der Zukunft auf sie zukommen würde. David hatte trotz seiner 21 Jahre schon viel Lebenserfahrung gesammelt.

„Für mich ist es keine Theorie, wenn in der Bibel steht: ‚Gott vergibt gerne'. Ich hab' das erlebt. Ich fühl' mich wie einer, der aus der Todeszelle entwischen konnte", erzählte David. „Die meisten meiner Hippie-Freunde sind tot, die anderen sind Alkoholiker oder haben sich eine Hepatitis eingefangen. Ich bin der einzige, der wieder ins normale Leben zurückgefunden hat. Und jetzt möchte ich so gerne anderen Menschen helfen, daß sie Gott kennenlernen. Daß sie ihm vertrauen und mit ihm leben."

Aus Davids Mund klangen diese vertrauten Sätze anders – lebendig, glaubwürdig. David hatte nichts von der Frömmigkeit verstaubter Kirchenfenster an sich; er konnte herumalbern und dann wieder ernst sein wie ein Hirte, der sich über ein verletztes Schaf beugt. Jutta fühlte sich wohl bei diesem schlacksigen Jungen, der – von seinem Grübchen abgesehen – keinerlei Ähnlichkeit mit ihrem Traumtyp aufwies. Er war nicht einmal hübsch. Aber freundlich und immer aufrichtig.

Dann, an einem lauen Maienabend, sie spazierten gerade am Main entlang, nahm er ihre Hand und drückte sie zärtlich. Es traf sie wie ein Stromschlag, und sie überlegte schnell: *Eigentlich müßte ich meine Hand wegziehen. Wir wollen doch nur gute Freunde sein. Zärtlichkeiten passen nicht in unser Konzept. Aber, warum eigentlich nicht? Es duftet nach Jasmin, irgendwo da oben über dem Frankfurter Neonhimmel funkeln Sterne, es ist Mai, und ich bin 19 und immer noch solo ... David ist ein guter Mensch, von seinem Charakter und seinem festen Glauben kann ich mir eine Scheibe abschneiden – was will ich mehr?*

„Zieh die Hand weg!" widersprach eine feine Stimme.

„Ach was, pflücke den Tag!" flötete die andere. Und weil Jutta von jeher eine Schwäche für Musik hatte, hörte sie auf die Flöte, ließ ihre Hand, wo sie war, und bedachte David mit einem brunnentiefen Blick. Daraufhin verliebten sich die beiden aberwitzig und bis über beide Ohren ineinander.

Ihre Mutter warnte sie: „Verdreh dem armen Jungen nicht den Kopf!“, aber sie zuckte die Achseln und lachte. Der Vater zitierte sie zu einem ernsten Gespräch herbei: „Was willst du mit solch einem Milchbubi? Der ist noch nicht mal mit der Schule fertig, das ist doch kein Mann für dich. Außerdem ist er ein Ami!“

„Bob ist auch Amerikaner, da hat's dich nicht gestört“, wandte sie ein.

„Ich bitte dich, der war doch Offizier!“ schnarrte der Vater.

Er verbot die gemeinsamen Spaziergänge, und Jutta mußte sich allerhand einfallen lassen, um David weiterhin zu treffen: hinter dem Giraffenhaus im Zoo, im Passantengewühl an der Hauptwache, im Hallenbad. Sie fühlte sich ein wenig wie Julia, die sich ihren Romeo nicht rauben lassen wollte, und konnte doch ein leises Schuldgefühl nicht unterdrücken.

*

Mitten in diese Spannung hinein tauchte Andreas Schäfer wieder in Frankfurt auf. Er hatte an der philosophischen Fakultät einen Studienplatz bekommen. Hin und wieder liefen sich die beiden bei Konzerten oder Jugendveranstaltungen über den Weg, plauderten ein wenig. Jutta lernte ihn immer besser kennen. Mit ihm konnte man über jedes Thema sprechen, sogar über David und ihre gespannte Beziehung zu den Eltern. Und wenn er sich ans Klavier setzte, dann vergaß sie über seinen Akkorden die Welt. Er wurde zum ruhenden Pol im Wirbel ihrer Gefühle, zum schneebedeckten Berggipfel, zu dem man aufschaut und neue Orientierung findet.

Jutta schätzte diese gelegentlichen, eher zufälligen Treffen, obwohl sie David dabei vermißte – er hatte sonntags immer Dienst im Krankenhaus. Manchmal fragte sie sich: *Wie kommt es, daß ich so unbekümmert fröhlich bin, wenn ich mit Andreas und seinen Freunden etwas unternehme – obwohl David nicht mitkommen kann? Würde ich um seinetwillen auf diese Clique verzichten? Liebe ich ihn überhaupt wirklich?* Sie las viele Bücher über Freundschaft, Liebe, Ehe und fand doch nicht heraus, woran man die große, die wahre Liebe erkennen konnte.

*

Der innere Zwiespalt verschärfte sich in der Ferienzeit. Andreas wollte mit seinem Freundeskreis nach Italien fahren. Im Mädchenzelt war noch ein Platz frei, und die Freundinnen bestürmten Jutta: „Fahr doch mit! Ohne dich ist es nur halb so lustig. Außerdem brauchen wir dich zum Diskutieren. Du hast immer so gute Argumente!" Aber David bekam keinen Urlaub. Sollte, konnte, durfte sie ihn zwei ganze Wochen alleinlassen?

Sie besuchte ihn in „seinem" Krankenhaus. Diesmal war er selbst Patient auf der HNO-Station, weil sein Knollenzinken – wie er ihn liebevoll bezeichnete – begradigt und in eine klassisch griechische Nase umgebaut worden war. Sein Gesicht unter den Verbänden wirkte verschwollen, und man sah ihm an, daß er Schmerzen hatte. Aber er lächelte, schloß Jutta in die Arme und hielt sie, als wollte er sie nie mehr loslassen.

„Wie schön, daß du kommst", flüsterte er. „Ich schau dich so gern an. Du machst mich glücklich. Am liebsten würde ich jede Minute meines Lebens mit dir verbringen!"

Jutta beschloß, das Italien-Projekt zu vergessen. Hier war ihr Platz, am Krankenbett des Mannes, der sie liebte. Wie hatte sie überhaupt an eine Urlaubsreise *denken* können, während er sie brauchte?

Und dann fragte David unvermittelt: „Sag, Jutta, willst du mich heiraten?" Sie war überrascht, geschmeichelt, verwirrt.

Er sagte: „Du bist ein wunderbares Mädchen. Mein guter Stern." Sie legte den Kopf an seine Brust und genoß seine Wärme, schnupperte sein dezentes Rasierwasser und überlegte gerade, wie sie ihr Ja in eine romantische Form kleiden könnte, auf Englisch, versteht sich, als er ein Stück von ihr abrückte.

„Wait a minute, dear", fuhr er fort. Er schöpfte tief Atem, und seine Augen verdunkelten sich. „Wenn ich mir's recht überlege, darf ich dich so etwas gar nicht fragen. Was kann ich dir schon bieten? Eine ungemütliche Studentenbude, Ungewißheit, wenig Geld, Gelegenheitsjobs in einem Land, das dir fremd ist ..."

Jutta widersprach. „Das werde ich schon irgendwie schaffen. Glaub nicht, daß ich eine Luxusdame bin, die von vorn bis hinten verwöhnt werden will."

„Das weiß ich doch", lächelte er, aber es war ein trauriges Lächeln. „Du bist okay, Mädchen, aber ich habe plötzlich das Gefühl, ich bin nicht der Richtige für dich. Ich sag' dir, wer viel besser zu dir passen würde als ich: Andreas. Andreas Schäfer."

Jutta stotterte: „Was? Andreas? Aber du kennst ihn doch gar nicht?"

„Ich habe ihn letzte Woche bei dir zu Hause gesehen. Wir haben eine Weile miteinander geredet. Ich weiß, daß er ein guter Mann ist. Ich bewundere ihn. Bei ihm wärst du gut aufgehoben."

Jutta schüttelte den Kopf, fassungslos. „Was willst du eigentlich, David?"

Er wandte sich ab, und seine Lippen zitterten. „Ich möchte, daß du glücklich bist. Daß du den Mann heiratest, den Gott dir schickt. Und der heißt nicht David. Leider nicht."

„Woher weißt du das?"

„Ich weiß es eben. Wait and see. Und jetzt laß mich bitte allein."

Jutta ging, ein Karussell im Kopf. Sie kam gerade zu Hause an, als das Telefon klingelte. Andreas und seine Freunde baten sie dringend, doch nach Italien mitzufahren. In einer Mischung aus Neugier und Trotz sagte sie zu. Natürlich würde sie Davids Theorie widerlegen! Andreas Schäfer! Akademiker und viel zu alt für sie. David hatte sich getäuscht, und sie würde es ihm beweisen. Und so ganz nebenbei konnte sie den Urlaub in Italien ja auch genießen.

*

Frühmorgens, wenn die Luft noch frisch und kühl über den Zeltplatz wehte, setzten sie sich unter einer mächtigen Pinie zusammen und sprachen über Lebensfragen. Von diesen engagierten Diskussionen konnte Jutta nicht genug kriegen. Wenn die anderen Mädchen schon längst ins Meer geflüchtet waren, weil ihnen der Kopf rauchte, blieb Jutta zurück und wollte das Thema bis zum Grund ausschöpfen. Während der Siesta schrieb sie gewöhnlich an David, schilderte ihm, was sie erlebte, dachte und fühlte. Doch seltsam, sein Bild verblaßte, je länger sie von ihm getrennt war. Sie versuchte, den Gedanken an ihn lebendig zu halten, wollte die Wärme zurückholen, die sie in seiner Nähe empfunden hatte. Immer wieder betrachtete sie sein Foto, durchforschte seine Gesichtszüge auf der Suche nach einem Echo in ihrem Innern, aber das Gefühl der Fremdheit verstärkte sich. David entzog sich ihr, bis er in ihrer Erinnerung nur noch ein hellgrauer Schatten war, unwirklich, mit toten Augen. Sie kämpfte sieben Tage lang dagegen an, dann gab sie auf. Ihre Briefe wurden zur Pflichtübung, trockene Buchstaben, kein Hauch mehr von Liebe oder Sehnsucht.

*

Und Andreas? Er hielt sich oft an ihrer Seite auf. Wenn sie zu ihm hinüberschielte, gab er den Blick offen und freundlich zurück. Sie hätte unentwegt mit ihm reden wollen und staunte darüber, wie ähnlich er dachte – über das Leben, über Sinn und Ziel der Weltgeschichte. Er hatte sich sogar dieselben Ziele gesteckt wie sie; auch er wollte nicht nur den Augenblick genießen, sondern den Platz finden und ausfüllen, der ihm vom Schöpfer zugedacht war. Sie entdeckte völlig neue Züge an ihm. Er konnte nicht nur ernst sein und Probleme wälzen. Er lachte gern, und noch dazu über die gleichen Witze wie sie! Und im Wasser verwandelte er sich in einen jungen Seelöwen, der herumtobte und spritzte und tauchte wie ein Weltmeister. Stundenlang saß Jutta auf der Düne, den Briefblock auf den Knien, und seine Blätter mußten vergeblich auf den Kuß ihres Kugelschreibers warten, während sie selbstvergessen zusah, wie die anderen am Strand Volleyball spielten. Wie kraftvoll und geschickt Andreas die Bälle parierte! Er warf sich zu Boden, als hinge das Schicksal der Welt von diesem einen Spiel ab. „Spiel doch mit!" riefen die anderen, doch Jutta schüttelte den Kopf. „Ich muß schreiben." Doch die Briefe wurden nie vollendet.

Ein Tag gab dem anderen die Hand, sie erlebten unvergeßliche Sonnenaufgänge am Meer und Momente, in denen ein Schweigen mehr sagt als tausend Worte. Sie wanderten über den jungfräulichen Morgensand und staunten über die Silberfläche, die der frischen Sonne als Spiegel diente. Sie lauschten dem eintönigen Lied der Zikaden und atmeten den Duft der Oleanderbüsche. Jutta war, als hätte sie einen neuen Kontinent entdeckt und würde an jeder Ecke auf ein Wunder stoßen. Und das größte aller Wunder war Andreas – hinter ihr, vor ihr, neben ihr, nie allzuweit weg.

Dann kam der letzte Abend. Die anderen hatten am Strand ein Lagerfeuer angezündet und wühlten die Füße in den Sand, der noch ein wenig Sonnenwärme verschenkte. Die ersten Sterne flimmerten am Himmel, und das Meer hielt still, als wollte es nicht stören. Jutta suchte mit den Augen nach Andreas, doch der ließ sich nirgends blicken. Die anderen fragten, erkundigten sich nach ihm, und sie konnte nur mit den Achseln zucken. Während sie ihre Enttäuschung herunterschluckte – was hatte sie eigentlich erwartet? Lange Blicke in der Dämmerung? Tuchfühlung? Seinen Arm auf ihrer Schulter? –, wurde ihr endlich klar, daß sie sich in Andreas verliebt hatte. *Ich bin eine dumme Gans!* schimpfte sie. *Er ist nett zu mir wie zu allen anderen. Wahrscheinlich würde er sich totlachen, wenn er wüßte, was ich für ihn empfinde. Schließlich ist er sieben Jahre älter und macht demnächst seinen Doktor, und ich habe noch nicht mal das Abitur.*

Andreas brachte sie zum Bahnhof und verabschiedete sich beiläufig. Kein Wort vom Wiedersehen, keine Andeutung, und er hielt ihre Hand nicht eine einzige Sekunde länger als notwendig. Jutta kletterte ins Abteil, rollte sich auf ihrem Platz zusammen und schloß die Augen. Ihr war, als stürze sie in einen Teich voller Wehmut. Sie versuchte, die Bilder der vergangenen Tage heraufzubeschwören. Sie meinte, seine warmen dunklen Augen vor sich zu sehen. Sie stellte sich den Klang seiner Stimme vor. Und sie fragte sich, wie sie die nächsten Tage überstehen sollte, ohne ihn, ohne sein Lachen, seine ernsten Fragen. Und plötzlich wußte sie, wußte über jeden Zweifel hinaus, daß David recht hatte: *Andreas war der Mann fürs Leben.* Ihr Pech, daß er sie nicht wollte.

Zu Hause verabredete sie sich als erstes mit David. Sie beichtete ihm, daß sie ihn unmöglich heiraten könne, weil sich ihre Gefühle verändert hätten – sie liebte nicht ihn, sondern Andreas. Er sagte traurig:

„Das überrascht mich nicht. Ich hab's ja geahnt."

„Ja, ich erinnere mich. Du hast mich erst auf diese Idee gebracht."

„Foolish as I am", murmelte er und wandte sich ab, sein Gesicht im Schatten.

„David, bitte verzeih mir."

„Was gibt es da zu verzeihen? Du hast mich ja nicht absichtlich verletzt. Sowas passiert eben ..."

Jutta hätte ihn gern getröstet, aber was sagt man einem Mann, den man gerade verletzt hat? Können Worte heilen?

„Ich werde dich nie vergessen, David. Du warst mir ein wunderbarer Freund. Leb wohl."

Er drehte sich nicht zu ihr um, als sie ging, hob nur grüßend die Hand.

*

Andreas rief am Ende der Woche an. „Ich möchte dich gern mal in Ruhe sprechen, Jutta. Wann hast du Zeit?" Es klang distanziert, und ihr zitterten die Knie. Wahrscheinlich hatte er doch etwas gemerkt. Natürlich würde er ihr den Kopf waschen und sie an den großen Altersunterschied erinnern. Er würde sie in seiner freundlichen Art ermahnen, vernünftig zu sein und diesen törichten Träumen nicht länger nachzuhängen. Also gut, wenn es denn sein mußte ...

Als er kam, wirkte er rätselhaft verlegen, balancierte auf der Sesselkante und knetete seine Hände. So angespannt hatte sie ihn noch nie erlebt.

„Ich finde, wir sollten einiges klären", sagte er.

Jutta schätzte Eindeutigkeit über alles. Sie holte tief Luft und sagte: „Ja ..."

Er starrte sie an, dann leuchtete sein Gesicht auf: „Wenn du ja sagst, dann ist ja alles in Ordnung!"

Sie brauchte eine volle Minute, um sich von ihrer Verblüffung zu erholen. War das möglich – sollte er wirklich – aber ja! Sie las in seinen Augen, was ihm noch nicht über die Lippen wollte: Er liebte sie.

Den nächsten Tag verbrachten sie gemeinsam, und als sie in einem kleinen Lokal miteinander zu Abend aßen, legte Andreas sein Besteck aus der Hand und sagte:

„Liebe ist zu groß und zu schön, um damit einfach herumzuspielen. Was meinst du? Wollen wir Gott fragen, ob er ja zu uns sagt?"

Jutta nickte. Der Hals war ihr eng geworden vor Aufregung, sie brachte keinen Bissen mehr hinunter.

„Gut", sagte er. „Und wenn wir die Antwort haben, dann brauchen wir eigentlich nicht mehr lange zu warten, bis wir heiraten, oder? Wir kennen uns inzwischen doch ziemlich gut."

„Aber – das kommt alles so plötzlich!" stotterte Jutta.

„Für dich vielleicht", lächelte er. „Was mich betrifft, so bin ich mir schon seit Monaten darüber klar, daß ich dich liebe."

„Du hast dir nie etwas anmerken lassen ..."

„Ich wollte dich nicht bedrängen. Du warst mit David befreundet, wie konnte ich da von meiner Liebe zu dir sprechen? Und außerdem machte mir der Altersunterschied zu schaffen ..."

„Ja, ich weiß. Ich bin ein unreifes Mädchen. Nicht erwachsen genug für dich."

„Ach woher!" sagte er. „Ich dachte, ich wäre zu alt!"

Da mußten beide lachen, aber als sie ihren Blick in seinen tauchte, da wurde sie schnell wieder ernst, denn seine Augen strahlten, als flackere dahinter ein großes Leuchtfeuer.

Sie gingen auf dem Heimweg Hand in Hand, und Jutta spürte, wie sie durch jeden gemeinsamen Schritt noch enger mit ihm verwoben wurde. Vor ihrer Haustür küßte er sie flüchtig auf die Stirn und hielt sie einen Augenblick sanft an sich gedrückt.

„Bis morgen, meine kleine Blume", sagte er. Und sie stieg die vier Stockwerke hoch wie im Traum und konnte in dieser Nacht nicht schlafen. Sie kniete vor ihrem Bett und bat Gott um Antwort.

„Du weißt, daß ich das tun möchte, was du für das Beste hältst. Bitte zeig mir, ob ich Andreas heiraten soll. Bin ich die richtige Frau für ihn? Kann ich ihm das geben, was er braucht? Wird er glücklich mit mir?" Grübchen, blonde Locken, breite Schultern – das alles war unwichtig geworden. Sie liebte diesen Mann, so wie er war, und sie wollte ihn. Sonst nichts. Aber sie war bereit, ihre Wünsche dem Plan Gottes unterzuordnen, weil sie wußte, daß ihr der große Überblick fehlte.

Und die Antwort kam noch in derselben Nacht: Ein tiefer Frieden senkte sich über Jutta. Sie wußte plötzlich, daß ihre Entscheidung richtig war. Alle Zweifel verflogen wie Nebelschwaden im Morgenwind. Und sie war glücklich wie nie zuvor. Andreas hatte versprochen, sofort anzurufen, wenn er die Sicherheit von Gott bekommen hätte, und sie saß am Frühstückstisch, als das Telefon klingelte. Er sagte nur ein einziges Wort: „JAAAA!"

Sie planten Verlobung und Hochzeit noch im gleichen Jahr. Es störte sie nicht, daß die Eltern nach Luft schnappten und sich überrumpelt fühlten: „Warum denn so plötzlich? Was werden die Leute denken?"

„Nennt uns einen einzigen Grund, weshalb wir noch warten sollten!" forderte Jutta. „Andreas hat eine gute Arbeitsstelle; er wird nächstes Jahr in den Norden versetzt, und ich möchte ihn begleiten."

Da stimmten sie zu. Schließlich gefiel ihnen Andreas sehr, und sie fanden – wie auch alle anderen Bekannten –, daß die beiden so gut zusammenpassen, wie man es sich besser nicht hätte vorstellen können.

Am Abend vor der Hochzeit kramte Jutta im Schrank

herum und stieß auf das alte Tagebuch. Sie blätterte ein wenig hier, las einige Zeilen da. Plötzlich schrie sie auf:

„Andreas! Sieh dir das an! Eintragung vor 3½ Jahren. ‚Heute traf ich den Mann, der mich angeblich heiraten wird. Er heißt Andreas Schäfer.' Das habe ich damals geschrieben und total vergessen!"

Andreas bestaunte die Unterschriftsproben. „Da wirst du am Standesamt ja ganz routiniert unterschreiben können. Hast es da schon lange vorher geübt. Sehr weise von dir."

„Von *mir*?"

*

Kürzlich traf ich die beiden, als sie Hand in Hand die Straße herunterkamen wie ein junges Liebespaar. Wir plauderten und ich fragte Jutta: „Wie lange seid ihr jetzt verheiratet?"

„27 Jahre und 2 Monate", strahlte sie.

„Was! Ihr zählt immer noch die Monate? Und sagt mal ehrlich – keine Krise in Sicht?" neckte ich.

„Krisen kommen und gehen", meinte Andreas. „Wir überwinden sie, weil Gott uns dabei hilft und weil wir wissen, daß wir zusammengehören." Er sah gut aus mit seinen grauen Schläfen, und auch Jutta merkte man ihr Alter nicht an.

„Was ist eigentlich aus David geworden?" wollte ich wissen.

„David hat nach seinem Studium einige Jahre lang als Jugendpastor in amerikanischen Großstädten gearbeitet. Jetzt ist er Dozent an einer Universität in Michigan. Seine beiden Söhne müßten auch schon Anfang Zwanzig sein, denn er hat damals kurz nach uns geheiratet."

„Ja", fügte Andreas hinzu, „er traf seine Traumfrau ein paar Wochen nach unserem Italien-Urlaub."

„Ach!" sagte ich überrascht. „Das ging ja wirklich schnell. Und woher wußte er, daß sie die Richtige war?"

Die beiden tauschten einen vielsagenden Blick. „David hat sich Gott anvertraut. Damit ist man immer gut beraten."

Jutta lächelte: „Er kannte die Stimme seines Herrn."

Katrin Paul

Ein guter Zug

Na, dieser Kerl war doch mal wieder ein Beitrag für meine Sammlung „Was mir grade noch gefehlt hat" ...! Da hatte ich endlich mit Mühe und Not ein leeres Sechser-Abteil im Interregio erbeutet und dafür meine beinahe würfelförmige Tasche unter schwerathletischen Bedingungen durch den halben Zug bugsiert. Und nun stieg in dem Moment, als ich es mir so richtig bequem machen wollte, so ein komischer Typ zu. „Supper!", wie mein verflossener schwäbischer Freund sagen würde. Jetzt war es aus mit meiner Gemütlichkeit.

„Ist dieser Platz noch frei?"

Nein, wie originell! Das sah doch ein Blinder mit Krückstock – das ganze Abteil war leer. Bis auf mich. Und vor allem: auch nebenan, in den Nachbarabteilen, waren noch viele, viele andere Plätze frei. Doch ich bin leider zu gut erzogen worden, um so etwas laut zu sagen.

„Klar!" knurrte ich also schlicht. Er setzte sich – nicht ohne sich zuvor ein wildes Sammelsurium aus einem Discman, der ZEIT und einer MacDonalds-Tüte auf seinem Nachbarsitz zurechtzulegen –, räkelte sich ein wenig, kuschelte sich in seine schon etwas abgenutzte Lederjacke – und hatte gleich darauf die Augen geschlossen. An den gleichmäßigen Atemzügen hörte ich, daß er schlief oder es zumindest entschieden versuchte.

Immerhin. Ich hasse es nämlich, frühmorgens in ungeheizten Eisenbahnabteilen sinnlose Gespräche führen zu müssen. Heute allerdings wurde ich sogar bezüglich des ersten Punktes enttäuscht: Die Heizung tat ihr Möglichstes, um in absehbarer Zeit rotglühend zu werden. Die Fenster waren schon völlig beschlagen. Ich hatte mir bereits mehrmals ein kleines Guckloch in die Wasserdampfschicht wischen müssen. Schließlich will man ja von der Landschaft draußen etwas sehen. Noch nicht einmal auf die mir rechtmäßig zustehende Kälte war also Verlaß. Typisch Bahn. Da hatte ich mich angezogen wie für den sibirischen Winter, und nun durfte ich die in der heutigen Vorlesung verlangten „Merkmale des französischen Romans der Aufklärung" bei Tropenhitze lernen. Mann, ich wollte doch nicht Missionar in Zentralafrika werden! Das sagte ich auch dem Schaffner, der kurz darauf hereinschaute, um die Fahrkarten zu kontrollieren. Er zuckte aber nur hilflos die Achseln und murmelte etwas von „Betriebsstörung". Wenn ich das schon höre! Ich kenne keinen Betrieb, der so oft gestört ist wie die Bahn! Das fing nun wirklich gut an!

Die zweistündige Zugfahrt war nämlich fest eingeplanter Bestandteil meiner Selbststudienzeit, wie es so schön heißt. Deshalb blieb ich auch am liebsten allein im Abteil. Man kann seinen Gedanken nachhängen, aus dem Fenster sehen (falls einem der Wasserdampf Gelegenheit dazu läßt), ein wenig träumen und nebenbei das gewünschte Pensum an Gelehrsamkeit in sich aufnehmen. Eine höchst angenehme Form des Lernens, finde ich. Vorausgesetzt natürlich, man oder frau wird nicht von irgendwelchen unliebsamen Mitreisenden abgelenkt.

„Na, auch Studentin?" Zwei braune – zwei sehr braune – Augen blitzten mich über den Rand der Metallbrille hinweg interessiert und ziemlich abschätzend an. Typisches Informatiker-Gesicht, fand ich. Die Bits und Bites guckten ihm quasi aus allen Knopflöchern. Auch wenn an seinem blauen Sweatshirt gar keine zu erkennen waren. Seine ziemlich ausgewaschenen Jeans wagte ich dann aber doch nicht dahingehend zu prüfen. Er schlief anscheinend nicht so fest, wie ich es für meine französischen Romane erhofft hatte.

„Ja, hm, doch. Fernstudentin allerdings", brummte ich so beschäftigt, wie es mir möglich war, um weitere Fragen im Keim zu ersticken. Denn, das hatte mich die Erfahrung gelehrt, gab man so einem Kerl erst einmal – natürlich nur symbolisch – den kleinen Finger, dann fing er stundenlang an zu quasseln. Über Computer und Drucker und ebensolche Messen und Betriebssysteme und die Datenautobahn im allgemeinen und vor allem im besonderen. Und andere

Dinge, von denen ich absolut keine Ahnung hatte. Doch das spielt meist für die Mitteilungsfreudigkeit solcher Typen überhaupt keine Rolle. Ich konnte in einer solchen Situation dann nur noch ein gesammeltes Gesicht machen und verständnissinnig nicken. O ja, ich kannte das!

„Na", dachte ich, „leg schon los! Erzähl mir von deiner öden Welt im Notebook-Format." Nichts. Es blieb seltsamerweise ruhig. Beinahe zu ruhig. Ich kroch aus meiner Laßt-mich-bloß-in-Ruhe-Ecke, in die ich mich gefaltet hatte, und setzte mich aufrecht hin. Schon meine Oma hatte immer über meinen krummen Rücken geschimpft. „Bauch rein, Brust raus!" und so. „Erst mal haben!" hatte ich darauf immer geantwortet. Aber irgendwie hatte Oma schon recht. Schließlich sollte man ja hin und wieder auch zeigen, was man hat. Ich zupfte also meinen Pullover extra-glatt und setzte mich extra-gerade.

Was war denn? Wollte der nun doch nichts über Windows 95 sagen? Hatte der mich überhaupt gesehen? Glaubte der etwa, ich sei zu doof für Technik? Oder hopste der einfach blindlings in irgendein Bahnabteil, ganz gleich, ob darin Madonna oder der Glöckner von Notre Dame saß? Oder was? Ich ertappte mich dabei, wie ich vorsichtig prüfte, ob nicht überflüssigerweise Lippenstift auf meinen Zähnen hängengeblieben war. Schließlich konnte man von mir am frühen Morgen kein perfektes Make-up erwarten. Am liebsten hätte ich ja schnell in den Spiegel geschaut. Mir gegenüber an der Abteilwand war einer. Aber dazu hätte ich aufstehen und mich über mein Gegenüber beugen müssen. Das schien mir dann doch zu verfänglich. Wenn er nun ausgerechnet dann aufwachte?! Na, wenigstens der Lidschatten war heute besonders gut geraten. Der machte meine blauen Augen wenigstens richtig blau und lenkte von dem undefinierbaren Grau-Blau ab, das sie in Wirklichkeit besaßen.

Gut! Aufdringlich schien der Herr Mitreisende nun gerade nicht zu sein. Im Gegenteil, der schlief schon wieder. Informatiker! – Oder er tat nur so. Aber warum? Ich bin doch nun wirklich nicht häßlich! Wirkte meine Anwesenheit tatsächlich so einschläfernd? Vielen herzlichen Dank! Aber die Nähe eines Menschen stört mich ja sowieso, wenn ich allein sein will. So wie in diesem Augenblick. Bestechende Logik. Ich wandte mich mit wilder Entschlossenheit ab, warf einen unbefriedigten Blick auf die „Merkmale des französischen Romans“ und sah aus dem Fenster. Draußen wurde es langsam hell. Schemenhaft waren Häuser, Straßen, zur Arbeit hastende Menschen und dann wieder Wiesen und Wälder zu erkennen. Noch nicht abgeschaltete Straßenlampen verbreiteten ein seltsam rotes Licht. Als ob der Himmel blutete. Oder wie imaginäre Haltesignale.

Seltsam, sobald das Bild vor einem Fenster in Bewegung gerät, werden auch die Gedanken lebendig und gehen die absonderlichsten Wege. Stundenlang kann ich so fahren und schauen. Nirgends läßt es sich so gut nachdenken wie im Zug.

„Fahren Sie diese Strecke öfter?“ Die Stimme riß mich neuerlich aus meinen philosophischen Betrachtungen.

„Hhm, ja, fast jeden Montag“, sagte ich, kurz aufblickend.

„Jeden Montag? Auweia“, er lachte. „Da müssen Sie ja jeden Baum an der Strecke inzwischen persönlich kennen.“

Ich sagte nachdrücklich „Allerdings!“ und wandte mich wieder meinen Studien zu. Hatte ich da eben gelächelt? Auf jeden Fall hatten sich die beiden Muskeln links und rechts meines Mundes eindeutig nach oben bewegt. Allerdings ganz ohne die dazugehörige Anweisung meinerseits.

Eine sympathische Stimme hatte er, zugegeben. Ziemlich tief und ziemlich weich. Und mit noch irgendeiner Zutat, die mich veranlaßte, ihm wider Willen ins Gesicht zu schauen. Wie alt mochte er sein? Dreißig? Vierzig? Drüber? Drunter? Männer mit Bart sind immer schwer zu schätzen. Ich konnte nur tippen und einigte mich mit mir auf vierunddreißigeinhalb. Hoffentlich erzählte er mir nach meinem unvorsichtigem Lächeln nun nicht seine ganze Familiengeschichte. Denn Familie hatte er, da ging ich jede Wette ein. Und unter Garantie auch eine kleine Tochter. Oder wahlweise einen gaaanz süßen Sohn. Und sicher packte er gleich die dazugehörigen Polaroid-Bildchen aus. Und ich mußte „Niedlich!“ sagen und schließlich total frustriert aus dem Zug klettern. Irgendwie frustrieren mich derartige

Begegnungen nämlich. Solche Typen wie der, der da so friedlich schlummerte – das hatte mich die Erfahrung gelehrt –, waren nicht mehr frei. Ich wartete. Wartete auf irgendwas. Aber wiederum waren nur die Rädergeräusche zu hören.

Es gibt ja Leute, die ständig ihr Seelenleben vor anderen ausbreiten müssen, ganz gleich, ob es einer hören will oder nicht. Und die ständig Fragen beantworten, die gar keiner gestellt hat. Nun, zu denen schien mein schweigsames Gegenüber offensichtlich nicht zu gehören. Er unterhielt sich nur mit Einverständnis der anderen. Wie löblich. Das kam mir momentan sehr gelegen, denn am Ende kam sonst ich ins Erzählen. Und mich interessierten im Moment doch nur die französischen Romane. Wirklich!

Im Nebenabteil wurden Witze erzählt. Und bestimmt keine ganz stubenreinen. Dafür klapperten die Bierbüchsen zu laut. Lautes Gelächter dröhnte über den Gang. Eigentlich war ich ja mit meinem nahezu schweigsamen und offensichtlich müden Abteilgenossen recht gut beraten. Genaugenommen sah er ziemlich gut aus. Ganz schön ziemlich gut sogar. – Wenn man Männer mit Bart mag. Manche behaupten ja, das würde kratzen. Kann ich nicht behaupten. Aber mich fragte ja im Moment keiner.

Also wie, wollte der tatsächlich die ganze Strecke schlafen? Wie langweilig! Wozu hatte er denn dann sein gesammeltes Warenlager auf dem Sitz verteilt, wenn er doch nur vor sich hindöste? Vielleicht hatte er ja eine anstrengende Nacht hinter sich.

Ich bemerkte voller Grausen, daß mir dieser Gedanke nicht eben angenehm war. Ja, zum Kuckuck, was gingen mich denn die Nächte dieses unbekannten Zeitgenossen mit Schlafdefizit an?!

Und was hatte mich eigentlich dazu veranlaßt, heute morgen meine extra-weiten und extra-bequemen Jeans anzuziehen? Darin hatte ich für jeden offensichtlich einen Hintern wie ein Brauerei-Pferd! Die neue Crinkle-Hose wäre viel besser gewesen. Oder der enge Rock ...

Nun grölte auch noch Musik aus dem Nebenabteil. Supper. Unter diesen Umständen konnte ich meine Aufklärungs-Romane natürlich ganz vergessen. Oder besser gesagt, gar nicht erst in den Kopf bekommen. Wie sollte ich bloß meinem Dozenten klarmachen, daß mich Alkoholiker am Lernen gehindert hatten? „Everything changes when you love someone", versuchte mir unterdessen eine eindringliche Stimme aus einem Lautsprecher (der seinem Namen alle Ehre machte) klarzumachen. Oha. „Jetzt, wo du's sagst, merke ich es auch", sagte ich leise zu der singenden weisen Dame.

„Wie bitte? Was merken Sie?"

Ich zuckte zusammen. „Ähm, nichts. Ich hab' nur Selbstgespräche geführt." Und zu meinem Entsetzen merkte ich, wie ich langsam die Farbe des Straßenlampenlichts draußen vor dem Fenster annahm. Ich sah in ein ziemlich belustigtes Gesicht mit vielen Lachfältchen um die Augen.

„Okay!" sagte er nur.

Glücklicherweise fiel mir jetzt ein, daß ich vergessen hatte, mir neue Bustickets zu holen. Und die Zeit vor dem Seminar reichte nicht, um neue zu kaufen. Das sah mir mal wieder ähnlich. Ebenso erleichtert wie intensiv begann ich, leise über meine Schlafmützigkeit schimpfend, im Portemonnaie zu wühlen. Vielleicht fand ich ja ein eventuell vergessenes und zusammengeknautschtes Exemplar dieser Gattung. Allerdings vergeblich. Was sollte ich nun tun? Schwarz fahren? Resigniert lehnte ich mich in meine Ecke und beschloß, den Rest der Fahrt dösend zu verbringen. Was andere konnten, konnte ich schließlich auch.

*

Ein plötzlicher Ruck weckte mich. Weckte? Ich mußte wohl fester als geplant geschlafen haben. Wo waren wir denn? Aha, Halt auf freier Strecke kurz vor dem Zielbahnhof, wie üblich. Die Morgensonne schien mir ins Gesicht und ließ mich niesen. Beinahe wartete ich darauf, daß jemand „Gesundheit" sagte. Doch gähnend bemerkte ich, daß ich allein im Abteil war. Sofort begann ich zu frösteln. Als ich jedoch meine Mappe mit den mir verborgen gebliebenen

Weisheiten über französische Romane in die Tasche stecken wollte, fiel ein kleiner Zettel heraus:

„Schade, daß wir uns nicht ausgiebiger unterhalten konnten. Wie wär's nächsten Montag, im zweiten Wagen von vorn?"

„Grünes Licht!" sagte der Schaffner in diesem Moment vor der Abteiltür, und ich hätte ihn dafür küssen können.

Hanno Herzler

Hochzeit im Haus des Evangelisten

„Ist für morgen alles klar?“ fragte der Vater, ohne von seinem Teller aufzusehen.

Die Mutter nickte mit dem Kopf. Jan bemerkte, daß der Vater das überhaupt nicht sah. Dafür antwortete die Tochter.

„Um zehn laß ich mich schminken“, sagte Bärbel, „für den Fototermin um halb elf! Ich werde eine wundervolle Braut sein!“

Der Vater ließ nur ein ärgerliches Brummen vernehmen. Er war Evangelist, und zwar vom alten Schlag: bärbeißig, rotblond, schnell erregbar – und zur Korpulenz neigend. Schminken gehörte für ihn schon fast zu einem unzüchtigen Lebenswandel.

„Ist für Nachmittag und Abend auch alles geregelt?“ fragte er mürrisch. Er wollte immer gern über alles Bescheid wissen, auch über die Dinge, mit denen er nicht direkt zu tun hatte.

„Ich denke schon“, erwiderte die Mutter. „Die Frauen im Dorf helfen mir. Allein Frau Kranzler wird vier Kuchen bringen und eine Schwarzwälder.“

Frau Kranzler war die Nachbarin, eine Bauersfrau von echtem Schrot und Korn: klein und rundlich, emsig, fleißig und derb, dabei ein wenig naiv. Alles in allem aber eine herzensgute Person. Und sie vergötterte den Vater von Jan. Obwohl sie, seit Jan denken konnte, im Gemeindechor sang, sich nie etwas zuschulden kommen ließ und auch sonst ein aufrechtes und angesehenes Gemeindemitglied war, hatte sie sich unter den wuchtigen Predigten des Evangelisten schon dreimal bekehrt.

„Wie ich die Kranzlers kenne, wird Ursula das alles backen“, warf Bärbel schnippisch ein. Und in einer schlecht verhohlenen Mischung aus Neid und Anerkennung fügte sie hinzu: „Die macht viel bessere Kuchen als ihre Mutter."

Ursula, die älteste Tochter von Frau Kranzler, war ein Jahr älter als Jan und ein Jahr jünger als Bärbel. Als Kinder waren sie miteinander aufgewachsen.

„Das stimmt", bestätigte die Mutter lebhaft. „Wenn ich da an die Sachertorte letztes Jahr zu deinem Fünfzigsten denke, Herbert ..."

Der Vater nickte und nahm einen großen Schluck Eistee. Auch er schätzte Frauen, die gut kochten und ihren Hausstand in Ordnung hielten. Er aß sehr gern, was an seinem Leibesumfang ablesbar war. Jan wunderte sich immer, daß ihm solche Äußerlichkeiten so wichtig sein konnten, obwohl er doch Geistlicher war und in seinen feurigen Ansprachen immer die inneren Werte betonte.

Jan fand auch, daß Ursula das genaue Abbild ihrer Mutter war, nur etwas größer; er mochte sie leiden als Freundin der Schwester, als Spielkameradin, mehr nicht. Doch er behielt seine Gedanken für sich. Wieder einmal war ihm sein Konfirmationsspruch eingefallen: „Es sei jedermann eifrig zum Hören, langsam zum Reden, langsam zum Zorn". Den hatte natürlich der Vater für ihn ausgewählt. Jan liebte den Vers, obwohl er, seit er zum Verdruß des Vaters Psychologie studierte, gelegentlich den Verdacht hegte, daß das Unterbewußte seines Vaters solche Verse mehr für sich selbst aussuchte als für das jeweilige Gegenüber – er also einer klassischen Projektion aufsaß.

Dabei hatte er gerade mit der letzten der drei biblischen Aufforderungen seine Mühe; „sei langsam zum Zorn": er war leicht erregbar wie sein Vater, wenn auch nur innerlich, und das ärgerte ihn, denn Jan wollte niemals so sein wie ein harter Evangelist. Vielmehr erschreckte und ängstigte ihn die direkte Art des Vaters, die sich gelegentlich bis zum aufbrausenden „So spricht Gott" steigerte. Also hatte Jan sich beigebracht, seinen Zorn nicht herauszulassen, überhaupt andere Menschen an seinem Seelenleben nicht teilhaben zu lassen.

„So spricht Gott" – solche Worte des Vaters hatten Jan früher sehr beeindruckt, und sicher hatten sie auch zur

Festigung seines Glaubens beigetragen. Seine Bekehrung allerdings verdankte er nicht, wie der Vater glaubte, der Evangelisationsversammlung am 8. Juni 1987 im Nachbarort, die der Vater gehalten hatte und bei der Jan nach vorn gegangen war; sondern einer stillen Stunde im Wald eine Woche vorher.

Er war hinter dem Haus spazierengegangen, eher ziellos, um über ein Buch nachzudenken, das er gelesen hatte. Dabei war er auf eine Lichtung geraten, die er zwar schon oft gesehen, aber noch nie wirklich wahrgenommen hatte. Plötzlich erschien alles, was er sah, richtig; alles „stimmte“ in diesem Augenblick: das Licht, das schräg hereinfiel, der Specht, der irgendwo im Dunkel hämmerte, das trockene, freundliche Gras, der leichte Wind, der es schwanken machte, und die schöne Tanne in der Mitte.

„Gewiß ist der Herr an diesem Ort, und ich wußte es nicht“, fiel ihm als Bibelspruch sofort dazu ein. Jakob hatte diese Worte gesprochen, nach der traumhaften Nacht in Lus auf freiem Feld, bevor er den Ort in Beth-El umbenannte. Er mußte sich ähnlich gefühlt haben wie Jan jetzt, zugleich gefangen und befreit von der Majestät Gottes.

So hatte Jan Gott vorher noch nicht erlebt, so hatte er auch zu Hause noch niemanden von Gott reden hören, am wenigsten seinen Vater. Und doch wußte er mit seltener Klarheit: Das ist er! Jetzt begegnet er mir, mir persönlich, mir direkt; nicht so, wie die anderen es erwarten, sondern so, wie ich ihn fassen kann. Jan hatte sich unwillkürlich niedergesetzt, gebetet und sich Gott mit großer Klarheit ausgeliefert: sein Handeln, sein Denken, auch seine geheimen Regungen und Wünsche – sein ganzes Leben.

Diese Gottesbegegnung war, so dachte er heute, ein wenig wie die von Elia: „Der Herr war nicht im Sturm, nicht im Gewitter, nicht in Blitz und Donner“ der väterlichen Verkündigung, sondern „im Flüstern eines leisen Wehens“, jedenfalls für ihn.

Jan wäre zwar nie auf den Gedanken gekommen, dem Vater die Echtheit seines Glaubens abzusprechen. Aber nach dieser Erfahrung hatte er dem gewaltigen Brausen des Vaters etwas entgegenzusetzen, etwas Eigenes, tief Inneres, das ihm niemand wegnehmen konnte: Er hatte „die Perle“ gefunden, den „Schatz im Acker“, und sein Erleben bildete nun ein Gegengewicht zu dem, was ihn die Ansprachen des Vaters über das Wesen Gottes ein Leben lang glauben gemacht hatten.

Er war danach ruhiger und gelassener geworden, auch reifer. Und merkwürdigerweise schien der Vater nicht einmal unbeeindruckt davon geblieben zu sein. Jedenfalls hatte er ihn einige Tage später unter vier Augen ungewöhnlich ruhig angesprochen: „Du bist so verändert!“

Jan hatte nichts geantwortet. Es war ihm zu peinlich; mit dem Vater konnte er diese Erfahrung nicht teilen, dazu war sie zu sanft.

Es schien aber in diesem Moment, als habe der Vater ein wortloses Einsehen. Er sagte nur noch: „Nächste Woche ist Zeltmission in Diebelingen drüben. Mach deinen Glauben durch ein öffentliches Bekenntnis fest!“ und ging, fast leise, aus der Tür.

Tja, und so war er, Jan, dann nach vorn gegangen, am dritten Abend, und es war gut so gewesen – als ob die innere Erfahrung durch das öffentliche Zeugnis gefestigt worden sei.

„Jedermann sei eifrig zum Hören ...“, sinnierte Jan weiter. Ja ja, mochte nun Gott bei der Auswahl eines Bibelspruches wirklich, wie es immer hieß, seine Finger im Spiel haben: auf jeden Fall war es seiner Meinung nach auch das Unterbewußte des Vaters gewesen, das sich selbst in einem ehrlichen Moment diese Aufforderungen gestellt hatte. Denn gut zuhören konnte der Vater nicht. Er war ungeduldig, manchmal unaufmerksam und wollte immer gleich wissen, „was Sache ist“. Zwischen- und Untertöne, so hatte Jan schon oft gespürt, nahm der Vater nicht wahr.

„Ja ja, die Ursula, die ist schon eine“, sinnierte der Vater jetzt, als er das Glas absetzte. Auch sie hatte sich unter der Gewalt seiner Verkündigung zu einem ernsten und schlichten Christentum bekehrt – was ihrer Naivität, wie Jan fand, keinen Abbruch tat. Er kannte sie gut und hatte schon in einigen Jugendstunden unter ihrer einfachen Unbeirrbarkeit gelitten.

Völlig unvorbereitet traf ihn deshalb, was der Vater als nächstes sagte:

„Das wäre doch die richtige Frau für dich, Jan – meinst du nicht?"

„Ach, laß doch", warf die Mutter ein, nicht ohne besorgten Unterton in der Stimme. „So etwas muß sich doch ergeben!"

„Manchmal muß man auch nachhelfen", entgegnete der Vater, und um seinen Mund spielte ein fast süffisanter Zug. Jan war ganz blaß in sich zusammengesunken, aber der Vater schien das nicht zu bemerken und fuhr fort:

„Ein Träumer, wie du es bist, der braucht etwas Handfestes, damit er nicht unter die Räder der Wirklichkeit kommt. Die Ursula, die würde dafür sorgen, daß du mit beiden Beinen auf der Erde bleibst!"

Das war zuviel für Jan. Er stand auf, warf wortlos die Serviette auf den Stuhl und rannte hinaus.

Jan saß danach lange in seinem Zimmer und stützte den Kopf in die Hände. Der Vater ahnte sicher nicht, was er da ausgelöst hatte! Wenn Jan sich doch nur hätte sicher hinstellen können und sagen können: „Quatsch! Völliger Blödsinn!" Oder gar darüber lachen? Ursula heiraten, ausgerechnet Ursula!

Aber – vielleicht wollte Gott das ja?

Plötzlich überkamen Jan die Tränen. Er wollte sich am liebsten sofort auf sein Bett werfen und heulen. „Erst die Zimmertür abschließen!", mahnte etwas in ihm; er tat es und fiel dann aufs Bett, aber die spontanen Tränen kamen nun schon nicht mehr. Und wieder einmal verwünschte er sich dafür, daß ihm die Sicherheit, nicht bei Gefühlsausbrüchen ertappt zu werden, so wichtig war und er nicht natürlicher handeln konnte.

Seine Aufgewühltheit mündete in Erschöpfung, und schließlich schlief er ein.

*

„Soll ich Ursula neben Jan setzen?" fragte Frau Kranzler, die mit der Mutter zusammen im festlich geschmückten

Gemeindehaus die Tischkärtchen für die Hochzeitsgesellschaft verteilte.

Die Mutter, die gespürt hatte, wie schlimm es für Jan war, mit Ursula in Verbindung gebracht zu werden, zögerte einen Moment.

„Das wird nicht gehen, Frau Kranzler", erwiderte sie. „Wir wollen doch als Familie beisammensitzen!"

Frau Kranzler sah einen Moment lang aus, als rechnete sie. Dann entgegnete sie: „Aber da sind doch noch einige Plätze frei an Ihrem Tisch!"

„Nein", meinte die Mutter, „es kommt eine Familie, die mit uns schon sehr lange befreundet ist. Sie kennen sonst niemanden hier, und da haben wir beschlossen, sie an unseren Tisch zu setzen."

Sie nahm die vier Kärtchen der Familie Hornegg und gruppierte sie um das Ende der Familientafel. Sie war selbst gespannt, wie sich deren Kinder entwickelt hatten, vor allem die kleine Tatjana.

Trotz der einleuchtenden Erklärung schien Frau Kranzler ein wenig zu schmollen; sie rechnete sich und ihre Tochter wohl heimlich bereits zu der Familie des von ihr bewunderten Mannes.

Um sie zu beschwichtigen, fuhr die Mutter fort: „Später wird es sicher durcheinandergehen. Wir halten es da ziemlich frei. Dann können sich die zusammensetzen, die sich zueinander hingezogen fühlen."

*

Jan war inzwischen mit dem Brautpaar und dem Fotografen an den Waldrand gezogen. Die fröhliche und ausgelassene Stimmung Bärbels und ihres zukünftigen Mannes Jörg hatte ihm gutgetan, und sie hatten zum Teil sogar ungewöhnliche Hochzeitsbilder geschossen.

Einmal hatte der Fotograf Bärbel wie eine Anhalterin an den Straßenrand gestellt, während Jörg etwas zurückgezogen auf einem Koffer saß – ein tolles Foto!

Es ging inzwischen gegen zwei Uhr nachmittags. Die

kirchliche Trauung rückte näher. Die Gäste trafen ein, und alles zog in Richtung Kirche.

Jan, der zur Begrüßung am Eingang eingeplant war, fand es spannend, die Menschen zu beobachten, die sich alle herausgeputzt und schick gemacht hatten. Natürlich vor allem die Frauen und Mädchen. Im Unterschied zum Vater hatte er gelernt, sich einzugestehen, daß er das gern sah. Auch alte Bekannte und Mauerblümchen erstrahlten plötzlich in ungewohntem Glanz.

Selbst Ursula mochte man heute gern anschauen. Sie hatte ein Kleid mit vielen Spitzen gewählt, das ihren etwas zu üppigen Körper umschmeichelte. Er hätte gern einmal mehr von ihr gesehen, aber da sie eine konsequente Anhängerin seines Vaters war, schätzte er die Chance, sie eines Tages im Mini zu erwischen, als sehr gering ein.

Plötzlich erstarrte Jan: Wer war das?

Scherzend und lachend, mit braunen langen Locken, schwebte im türkisfarbenen Satinkleid, noch einige Meter entfernt, eine unbekannte Schönheit heran, offensichtlich im Kreise ihrer Eltern und Geschwister.

Irgendwann mußte sie bemerkt haben, wie Jan sie ansah. Sie blickte jedenfalls ungeniert zurück und lächelte ihn an. Oder hatte sie sogar gezwinkert?

Jans Gesicht wurde hochrot, und er drehte sich, eine Entschuldigung murmelnd, weg von den Gästen. Was sollte er nur tun? Es war leicht vorzutäuschen, daß er wegmußte, zum Beispiel auf die Toilette. Wenn er aber nicht bald an seinen Platz zurückkehrte, ergäbe sich vielleicht auch keine Gelegenheit, der fremden Schönheit die Hand zu schütteln und ihr „ganz legitim“ in die Augen zu schauen. Er kam sich auf einmal sehr feige vor.

Die Waldlichtung schwebte plötzlich vor seinem inneren Auge. Sie war wie ein heiliges Bild, das ihm häufig in kritischen Situationen in den Sinn kam. Sie schien zu sagen: „Ganz anders könntest du leben.“ Leider setzte sie sich selten durch.

Vielleicht diesmal?

Es mußte ihm rasch etwas einfallen. Oh, lieber Gott, bitte hilf!

„Wann sollen wir denn die Blumen streuen?" fragte da die fünfjährige Mirjam. Er kannte sie aus der Sonntagsschulgruppe. Sie stand direkt neben ihm, war ihm aber bis jetzt gar nicht aufgefallen. In der Hand hielt sie ein Körbchen mit den hellen Blumen. Und sie blickte fragend zu ihm hoch.

Er wollte schon eine unwirsche Antwort geben, da fiel ihm etwas ein. Er könnte doch einfach eine Blume aus Mirjams Körbchen nehmen und der Schönen zur Begrüßung ...

„Jetzt noch nicht, Mirjam", sagte er. „Erst wenn das Brautpaar wieder hinausgeht, weißt du? Aber du kannst ruhig hierbleiben."

Während er mit dem kleinen Mädchen sprach, hatte er sehr wohl wahrgenommen, daß das türkisfarbene Kleid bereits wesentlich nähergerückt war.

„Ist gut", antwortete Mirjam. „Ich bleibe hier bei dir!" Und merkwürdigerweise schob sie sogar ihre kleine Hand in die seine. So zutraulich und lieb war sie; so unkompliziert war es, mit ihr umzugehen!

Beinahe wären ihm die Tränen gekommen. Warum war es nur so schwer, älteren Mädchen gegenüber unbefangen zu sein?

Nun trat aber schon der Mann an ihn heran, der offensichtlich der Vater der Türkisfarbenen war. Er wirkte sonnengebräunt, graumeliert und seriös. Jan drückte ihm mit gewinnendem Lächeln die Hand. Dann kam die Mutter. Eine kräftige, aber schöne Frau mit leuchtend blauen Augen. Ein jüngerer Bruder. Wirkte etwas ausdruckslos und blaß. Zu brav irgendwie.

Und dann stand sie vor ihm. Sie. Die gleichen leuchtend blauen Augen wie die Mutter. Ein strahlendes Lächeln – mit einem Zahn, der ein ganz klein wenig schiefstand. Er fand das süß!

Er blickte kurz auf Mirjams Körbchen. Sollte er? „Nimm eine Blume und gib sie ihr!", raunte es in ihm. Aber er traute sich nicht. Es war heiß, unerträglich heiß. Er spürte, wie der Schweiß an ihm hinabrann. Aber eine Blume zu nehmen und ihr zu geben – nein, das konnte er nicht. Er drückte ihr die Hand und versuchte, geschäftsmäßig zu wirken. Nur nicht wieder rot werden!

Schon war es vorbei, schon war sie weitergegangen. Neue Gäste kamen, aber Jan war nicht mehr bei der Sache. Ihm schwindelte sogar ein wenig. Hoffentlich war das Ganze bald vorüber, dann konnte er wenigstens auch in die Kirche gehen, um sich zu setzen!

„Was ist denn, Jan-Junge? Du siehst ja nicht gerade glücklich aus!"

Es war Frau Kranzler, die ihm jetzt die Hand drückte – etwas zu lange und wohlwollend. Das hatte ihm gerade noch gefehlt! Ihren forschend-wohlwollenden Blick empfand er in seiner momentanen Stimmung nur als aufdringlich, ja, geradezu als unerträglich. Er entzog ihr fast barsch seine Hand, so daß sie erschrak, und sagte: „Nichts. Es geht schon."

*

Jan saß vorn, in der zweiten Reihe, und konnte das türkisfarbene Kleid nicht sehen. Ein Jammer! Ob sie ihn wohl beobachtete? Tja – damit mußte er rechnen. Also: ruhig bleiben, alter Junge! Er setzte sich besonders aufrecht hin und versuchte, so auszusehen, als folge er der Predigt mit kritischer Aufmerksamkeit. Er merkte, daß sich sein Vater Mühe gab. Warum nur überzeugte es ihn nicht? Es juckte ihn am Kopf, aber er verkniff es sich zu kratzen. Und als er während der Trauzeremonie einige Fotos machte, wäre er beim Wiedereinrücken in die Reihe fast gestolpert. Warum nur klappte nichts? Er war zutiefst unglücklich.

Dann war die Trauung zu Ende. Beim Hinausgehen sah er sie nicht. Im Gemeindehaus gegenüber waren eine Unmenge Leute. Doch er suchte nur das türkisfarbene Kleid.

„Jan, bring mal das Tablett mit dem Streuselkuchen!", bat ihn die Mutter. Sie wirkte gehetzt und abgespannt. Hmm ... wie egoistisch er doch war! Die ganze Zeit hatte er nur seine eigenen Interessen verfolgt – und übersehen, daß er gebraucht wurde. Es gab viel für ihn zu tun, er konnte seine Mutter nicht im Stich lassen. Also ging er umher und verteilte Kuchen an die Tische. Doch wie erschrak er, als er das türkisfarbene Mädchen sah – direkt dem Platz gegenüber, an dem er sitzen sollte!

Sie lächelte ihn wieder an. Es wirkte allerdings ein wenig verlegen, fast verschämt. Ob sie am Ende ähnliche Gefühlshöllen kannte wie er? Sonderbar – das hatte er sich noch bei keinem Mädchen gefragt. Mädchen wirkten immer so selbstsicher, durften ihre Gefühle ungeniert zeigen – und sie erreichten immer, was sie wollten.

„Ich bin Tatjana", sagte sie mit belegter Stimme und räusperte sich. Kein Zweifel – sie war verlegen! Dabei klang ihre Stimme so gut ...!

„Jan", antwortete Jan.

„Das ist Familie Hornegg", erklärte nun die Mutter, die endlich Zeit gefunden hatte, sich ihrem Platz zu nähern. „Du kennst sie nicht mehr, Jan, aber wir waren damals gute Freunde in der Stadt, in der du geboren wurdest!"

Jan blickte die Familienmitglieder der Reihe nach an – zum Schluß Tatjana. Und sie – blickte zurück. Eine Ewigkeit lang geschah nichts. Zeit, die zu Klumpen geronn. Jan schaute zu Boden. „Ich bringe mal das Kuchentablett weg", sagte er endlich schüchtern.

„Ja, tu das", bekräftigte die Mutter, „und dann komm hierher! Frau Kranzler macht schon den Rest."

*

Der Nachmittag war kurzweilig und ging nahtlos in den Abend über. Man aß, trank und unterhielt sich miteinander. Jan fand einiges über Tatjana heraus: Sie war 22, also nur ein Jahr jünger als er, und liebte Enzianblau. Sie las zum Ausgleich für die hochgeistige Literatur in ihrem Germanistik- und Theologie-Studium gern triviale Krimis. Sie wollte später mal beim Fernsehen arbeiten, hatte erste Kontakte dahin entwickelt und wünschte sich viele Kinder. Nur eines fand er nicht heraus: Ob sie noch „frei" war.

Irgendwann entwickelte sich vom Nebentisch her eine hitzige Debatte über den Umgang der Geschlechter miteinander. Tatjana vertrat gegenüber einigen allzu bigott eingestellten Bibelschülern eine offenere Ansicht, die Jan sehr sympathisch fand.

„Es ist gut, wenn man sich vor der Ehe nicht küßt", postulierte eine Bibelschülerin.

„Wer will auch dich schon küssen", dachte Jan. Er sagte aber nichts.

„Ich weiß gar nicht, weshalb ihr euch streitet", warf ein anderer ein. „Wir finden auf alle Fragen eine Antwort in der Bibel, wenn wir nur richtig suchen."

„Ich ziehe Gottes Wort nicht in Zweifel", erwiderte Tatjana, die sich bereits in Rage geredet hatte, „aber es ist manchmal wichtiger, die menschliche Freiheit zu wahren, als alles bis ins Kleinste von der Bibel her regeln zu wollen. Gottes erster und grundlegender Wille für den Menschen ist wirkliche Freiheit; und allzu enge Richtlinien sind nur Ausdruck einer sehr unerlösten Angst vor sich selbst und seinen Empfindungen!"

Wow! Wie sie das vortrug! Als ob sie schlimme Erfahrungen mit einer allzu engen Frömmigkeit gemacht hätte. Jan war tief beeindruckt. Die Bibelschüler indes waren von ihren Ansichten nicht abgerückt, natürlich nicht.

Am Abend wurde der Tanz eröffnet. Der Vater hatte sich mit seinem Wunsch, das Tanzen ganz wegzulassen, nicht durchsetzen können. In dieser ländlichen Gegend gehörte der Tanz einfach dazu. Jan fand das gut. Er tanzte gern. Mehrfach schon hatte er Tatjana mit einem Blick gestreift, um einzuschätzen, ob sie sein Angebot, mit ihm zu tanzen, wohl annehmen würde. Sicher, er schien ihr sympathisch zu sein. Und er fand sie nach wie vor umwerfend. Aber würde sie sich mit ihm, dem Schweigsamen, überhaupt einlassen? Schließlich erklang ein Samba. Wieder begegneten sich ihre Blicke.

„Darf ich?" fragte Jan und hielt ihr den Arm hin, ohne recht zu wissen, was er tat.

Sie lächelte. „Gern!"

Alles drehte sich vor seinen Augen, als er sie an der Hand nahm und auf die Tanzfläche führte. Das Tanzen mit einem unbekannten Partner war wie immer gewöhnungsbedürftig. Jan gefiel, wie sie mit Takt und Lächeln über einige seiner

Ungereimtheiten hinwegging. Schließlich, beim dritten Tanz, hatten sie ihren Rhythmus gefunden, und nun gab es Augenblicke wunderbarer Harmonie. Jan spürte ihren Körper, warm und sinnlich, nahm die Bewegung ihrer Hüften wahr, blickte gelegentlich nach unten und sah den Rhythmus ihrer Beine. Er sah das Muster des Parketts, die Anordnung der Leuchter an der Decke, die goldene Brosche an ihrer Brust ...

Es war in aller Erregung ein gänzlich unschuldiges Spiel, das ihn freier, gelöster, lockerer machte – zumal er deutlich sah, daß es auch ihr Spaß machte.

Jan überlegte ängstlich, wie er reagieren sollte, wenn sie plötzlich keine Lust mehr haben würde. Zu seinem Entzücken merkte er, daß die Gefahr, daß das geschehen würde, sehr gering war. Offensichtlich hatte sie richtig Freude am Tanz – am Tanzen mit ihm! Dabei war sie, selbst wenn sie sich beim Walzer an ihn schmiegte oder ihm beim Tango sehr nahe kam, immer irgendwie seriös. Ach was, „seriös" – „adelig" empfand er sie! Sie war in seinen Augen zweifellos die bestaussehende Frau im Raum (Bärbel, die Braut, mochte ihm das verzeihen), und er fand sie irrsinnig anziehend. Trotzdem hielt sie sich streng an die Form. Er spürte sogar eine Distanz, einen Abstand, eine gesunde Entfernung zwischen ihr und sich. Am ehesten hätte er es „Respekt" genannt. Oder „Achtung". Ein Gefühl, ein starkes Bewußtsein von gegenseitiger Würde und Wertschätzung.

Sie tanzten lange, und schließlich war es Jan, der vorsichtig andeutete, daß er eine Pause vertragen könne. Sie lächelte – wieder wurde der schiefe Zahn sichtbar, den Jan mittlerweile hinreißend fand – und zog ihn ans kalte Büffett. Ganz richtig, Jan registrierte es voller Wonne: sie ließ dabei seine Hand nicht los!

*

Der Abend wurde prächtig, alle waren zufrieden, die Hochzeitsfeier war ein Erfolg.

„Ich könnte ein wenig frische Luft vertragen", stöhnte

Tatjana schließlich, als die anderen Gäste immer mehr in Stimmung kamen. Dann wurde sie rot und fügte schüchtern hinzu: „Das klingt irgendwie wie eine billige Anmache, findest du nicht?“

Jan hatte ein Glas Sekt getrunken und mußte sich sehr in acht nehmen, ihr nicht mit jedem Atemzug seine Bewunderung auszudrücken. So sagte er: „Ich weiß, was du meinst. Aber bei dir kommt es mir überhaupt nicht so vor.“

Was hatte er da gesagt? Würde sie es nicht so verstehen müssen, als ob er von ihr nicht „angemacht“ werden wollte? Als ob er sie nicht anziehend fände? Wie blöd!

„Obwohl ich ...“, fuhr er unbedacht fort.

„Obwohl du – was?“ hakte sie nach.

Er war furchtbar verlegen, mußte aber grinsen. Es war so schwer, ihr zu zeigen, was er empfand! „Gehen wir“, sagte er nur.

Eine sternenklare Nacht leuchtete ihnen entgegen. Tatjana hakte sich bei ihm ein, und zusammen schlenderten sie den Feldweg hoch zum Wald.

Jan ging etwas steif neben ihr her. Er kämpfte mit sich. Warum sollte er ihr nicht wenigstens seine Verlegenheit gestehen? Das schien ihm besser, als seine Gefühle ständig verbergen zu müssen.

„Ich bin irgendwie – verlegen“, sagte er deshalb. Es klang komisch.

Sie antwortete nicht. Statt dessen faßte sie sacht seine Hand. Er spürte für einen Augenblick wieder die warme Ausstrahlung ihres Körpers und mußte sehr an sich halten, sie nicht an sich zu ziehen und zu umarmen.

Er fand das fürchterlich verwirrend. So hatte er das noch nie empfunden. Die Warnungen des Vaters und anderer frommer Leute vor allzu engem Kontakt mit dem anderen Geschlecht waren ihm immer als Theorie erschienen; jetzt beflog ihn zum erstenmal die Gewißheit, daß es da wirklich etwas gab, wovor zu warnen wichtig war. Nur erschienen ihm all die Warnungen, die er im Ohr hatte, furchtbar derb und oberflächlich. Hätte er sie für sich übersetzen müssen, hätte er vielleicht gesagt: ...

„Was denkst du?“ fragte Tatjana unvermittelt.

Er mußte lachen.

„Was ist so lustig an dieser Frage?“ wollte sie wissen. Aber sie war selbst dabei amüsiert. „Ich weiß, das ist so platt. Das wird immer als typische Frauenfrage geschildert. Aber ...“, sie drückte sehr schüchtern seine Hand, „... es interessiert mich einfach. Du – du – du machst mich irgendwie so hilflos! Hilflos und sprachlos, so daß ich nicht anders als in Klischees mit dir reden kann!“

Sie waren unwillkürlich stehengeblieben. Jan sah sie an, mit großen, kindlichen Augen, als könne er nicht glauben, was er da eben gehört hatte. Jetzt gab es kein Ausweichen mehr und kein Zurück. Sie hatte die Karten offengelegt; jetzt war er dran.

„Ich kann das nicht glauben, Tatjana, du“, flüsterte er. „Die ganze Zeit gehen mir die tollsten Gedanken, die schönsten Formulierungen durch den Kopf, aber – du scheinst mir noch so neu, so unvertraut zu sein, daß ich glaube, sie dir nicht sagen zu können ...!“

Tatjana sah kurz zur Seite, und er sah sie im Profil. Sie war einfach schön, unbeschreiblich schön.

Sollte er sie an sich ziehen?

„Warte noch!“ sagte ihm eine Stimme.

Dann blickte sie ihn wieder an und sagte: „Versuch, es mir zu sagen. Bitte! Sag mir, was du denkst! Versuch's! Die ganze Zeit spüre ich, wie es in dir arbeitet, und ich möchte ...“, sie stockte verlegen, als werde ihr bewußt, wie weit sie damit ging, „... ich möchte so gern Anteil haben an dir! Glaubst du mir, daß ich dich – nicht verletzen werde?“

Sie kam ganz nah an ihn heran, und er spürte wieder ihre Wärme. Er hatte ein gewaltiges Verlangen, sie einfach festzuhalten. Aber noch tat er es nicht.

„Ja“, sagte er. „Ich will dir glauben.“ Auf einmal fing er an zu schmunzeln, so daß sie irritiert aufblickte. „Ja“, wiederholte er, „ich werde dir sagen, was ich denke – und was ich gerade gedacht habe, als du mich gefragt hast! Bitte lach aber nicht!“

„Ich werde nicht lachen, das versprech ich dir!“ Dabei nahm ihr Gesicht einen kindlichen Ausdruck an, so daß sie ihn für einen Moment an Mirjam, das Blumenmädchen, erinnerte, das vorhin voll Vertrauen eine Hand in die seine geschoben hatte.

„Komm, wir setzen uns", lud er sie ein.

Sie lächelte. „Okay!"

„Also, ich sage dir jetzt, was ich vorhin gedacht habe, als du mich gefragt hast", setzte er feierlich an.

Sie antwortete nicht. Sie war ganz Ohr. So etwas hatte Jan noch nie erlebt. Mehr noch, er hatte es nicht einmal für möglich gehalten, daß ihm jemand so zuhören könnte.

So fuhr er langsam fort, die Worte sorgfältig wählend: „Ich darf die Zartheit und Zerbrechlichkeit des Augenblicks nicht antasten; ich darf die wundervolle Würde und Zuneigung meines Gegenübers nicht ausnutzen; ich darf den sanften Genuß nicht billig abkürzen."

Dann war es lange still. Nur das Zirpen der Grillen war zu hören.

„Du denkst unglaublich schön", flüsterte sie dann, ohne ihn anzusehen. „Und du kannst es wunderbar ausdrücken."

Dann faßte ihre Hand wieder nach der seinen.

„Ich spüre eine – Verbundenheit mit dir, die mich völlig verwirrt", fuhr sie fort. „Ich möchte ihr so gerne trauen, möchte mich gern fallen lassen. Aber dann sagt mir mein Verstand: Du kennst ihn ja kaum!"

Jan war unglaublich erleichtert. Er hatte sich ihre Zuneigung also nicht nur eingebildet! Das wäre das Verletzendste gewesen, was hätte passieren können. Merkwürdig nur: Vor dieser Gefahr, durch zuviel Zurückhaltung und Ablehnung verletzt zu werden, warnten die Evangelisten nie. Ihm aber war es schon oft so ergangen. Zu oft. Zum Beispiel damals, als ...

„Jetzt siehst du aus, als denkst du gerade an etwas sehr – Schmerzhaftes", sagte sie.

Da wurde ihm wieder bewußt, daß er nicht allein war. Jemand war da, der offenbar seine Gedanken und Gefühle zu lesen verstand. Das war ungewohnt, höchst verwirrend. Und zugleich unglaublich wohltuend.

„Ja", antwortete er. Er fühlte sich außerstande, es weiter zu erklären, und sie drang auch nicht in ihn. Er genoß das.

Es erreichte ihn plötzlich ein warmer Hauch aus ihrer

Richtung. Da wurde ihm auch ihre körperliche Gegenwart wieder bewußt, dieses betörende Etwas, das man wohl „erotische Anziehung" nannte. Er spürte, daß er nahe daran war, der Versuchung zu erliegen.

„Komm, wir gehen zurück", sagte er, ein wenig zu schroff.

„Nein, warte", sagte sie nur und hielt ihn zurück.

Erstaunt, fast bestürzt sah er sie an. Ganz nah war ihr Gesicht jetzt dem seinen.

Langsam, fast unmerklich, näherten sie sich einander noch mehr. Er blickte auf ihre Lippen. Dann wieder in ihre Augen, groß, dunkel und klar. Sie war einfach da, für ihn da, die schönste und sensibelste Frau der Welt ...

Und dann spürte er ihn – den ersten Kuß. Er wollte gar nicht wieder aufhören. Eine Zentnerlast war von ihm gefallen. Er war frei, frei, ausgerechnet in den Händen eines anderen Menschen.

Renate Ufermann

Der Irrgarten

Ich hätte nicht mitkommen sollen. Dieses Jahr ist es langweiliger als je zuvor. Lieber zu Hause in der Gluthitze schmoren als das hier. Aber Mutter hat gesagt: „Du kannst nicht alleine zu Hause bleiben. Du hättest dich eben früher entscheiden müssen. Du hättest doch gut mit der Jugendgruppe nach Schottland fahren können!“

Ja, o.k., o.k.! Jedenfalls habe ich es mir nicht so schlimm vorgestellt. Es ging doch all die Jahre ganz gut mit den Eltern. Daß die anderen diesmal nicht hier sind, hätte ich nicht erwartet. Alle lassen mich im Stich. Waren wohl schlauer. Haben was Besseres vor, Achim und der Professor. Nicht einmal Daniel mit dem Einrad ist da. Scheiße!

Und trotz der Sonne gehen nicht einmal die Pickel weg, wie ich gehofft habe. Statt dessen: Sonnenbrand!

Und Mutter will mir den Rücken einölen, was ich wirklich selber kann. Ihre Fingernägel sind krallig wie ihre gereizte Stimme. Warum ich nicht aufgepaßt hätte mit der Sonne. Ich hätte doch an nichts anderes zu denken. Und sie wolle schließlich auch mal Urlaub haben und sich nicht wegen meiner empfindlichen Haut noch Sorgen machen müssen.

Vater hält Birdie seinen gekrümmten Zeigefinger durch die geöffnete Käfigtür, um ihn zum Küßchengeben aufzufordern. Natürlich haben sie ihn wieder mitnehmen müssen, wie jedes Jahr, weil sie keinen haben, der auf den Vogel aufpaßt. Da geht es Birdie wie mir. Und wahrscheinlich mache ich einen genauso schlaffen Eindruck wie er, der sich auf seiner Stange nicht bewegt und nur mit seinem eingedrückten Kopf beleidigt vor sich hinstarrt.

Vater und Mutter warten vergeblich auf sein munteres Knispen und Schnalzen, das nur sie verstehen können. Er aber verharrt in seinem Trotz, obwohl sie die Käfigtür offenlassen, damit er sich wohler fühlt. Aber er will nicht, wie jedes Jahr.

Wenn sie wenigstens mir die Käfigtür offenließen! Ich wäre sofort weg!

*

Ich habe ein Mädchen gesehen!

Sie ist blond und hat seidenweiche, lange Haare und blaue Augen. Ja, ich würde sagen, blau wie der Himmel. Aber dazu dunkle Wimpern, was ich super finde. Blaue Augen mit blonden Wimpern sehen nämlich immer wie Schweinsäuglein aus.

Sie hat einen richtigen Busen und einen Po in den Jeans! Und die Hüften bewegen sich rauf und runter beim Gehen, wenn man von hinten guckt. Trotz der hellen Haare hat sie eine auffällig dunkle Haut: Sie ist eine von denen, die schon im März braun sind.

Und sie hat keine Pickel und keinen Sonnenbrand, soweit ich sehen konnte.

Sie heißt Marianne. Dieses Jahr sieht sie ganz anders aus als letztes Jahr. Deswegen kommt es mir so vor, als sähe ich sie zum ersten Mal.

Sie war mit rasensprengen beschäftigt; im Garten der Großeltern, die eigentlich immer hier leben. Marianne und ihre Schwester Ruth kommen nur in den Ferien. Ich weiß nicht, warum die Eltern nie da sind. Vielleicht hat sie keine? Vielleicht gestorben? Vielleicht geschieden? Heute ist ja alles möglich.

Aber zurück zu Marianne. Da stehe ich und gucke so zufällig durch das Loch in der Hecke in ihren Garten hinein. Unter der Birke, die nicht viel Schatten gibt, weswegen sie noch einen Sonnenschirm aufgespannt haben, steht der Tisch, noch gedeckt mit dem Kaffeegeschirr. Die blauen Stühle sind etwas unordentlich zur Seite geschoben, so, als seien alle gerade aufgestanden, weil sie etwas Wichtiges zu tun hätten. Über den grünen Saftgläsern und den Kuchentellern spielen Licht und Schatten Fangen, weil die Sonne durch die Blätter guckt. Und Kuchen ist auch noch da. Ich könnte jetzt ein Stück davon vertragen.

Weiter hinten liegt das Haus in der prallen Sonne, so daß die braunen Steine wie ausgewaschen aussehen. Ich spüre bis zu mir die Hitze, die von ihnen ausgeht. Eine Holzkommode ist neben der Treppe an die Hauswand gerückt. Sie ist nur mit einem Wachstuch abgedeckt, als gäbe es hier nie Regen, der das Holz verderben würde. Allerdings ragt ja das Dach ein wenig vor, und unter dem Vorsprung mag es gutgehen mit dem Holz und dem Regen.

Auf der Kommode stehen Töpfe mit Geranien und Begonien. Ich glaube, daß die Pflanzen so heißen. Die Farben sind knallig rot und brennen wie Feuer. Nur eine weiße Blüte schwimmt wie eine Insel darin. Ich kann nicht erkennen, was das für eine Blume ist. Danach könnte ich Marianne fragen.

Die steht auf dem Plattenweg und steckt den Finger in den Gartenschlauch, daß das Wasser in hohem Bogen rausspritzt und in allen Regenbogenfarben schillert. Nur wenig sprüht bis in die Sträucher entlang der Mauer, für die es wohl eigentlich gedacht ist. Das meiste Wasser rinnt ihr den nackten Arm hinunter, und vom Ellbogen tropft es auf die Erde. Auch ihre braunen Beine glänzen vor Nässe. Und ihre Füße sind von der Erde schmutzgesprenkelt, die, vom Strahl getroffen, hochspritzt.

Ich wette, das Naßwerden macht ihr Spaß. Sie spielt mehr mit dem Schlauch, als daß sie ernsthaft an die Blumen denkt.

Ich wußte nicht, daß Marianne ein so toll aussehendes Mädchen ist!

*

Nach dem Abendessen sitzen wir im Wohnzimmer, in den weinroten Sonntagsmöbeln, mit denen der Vermieter dieses Sommerhaus ausstaffiert hat; wahrscheinlich, weil sie ihm für sein Zuhause nicht mehr gut genug waren. Mutter hat den hellen Vorhang zugezogen, weil, wie sie sagt, die Sonne sie blendet. Und so ist es, als sei der Tag schon gelaufen. Die Dunkelheit kann kommen.

Im Fernsehen läuft eine Schießerei, die mich nicht interessiert.

„Geh doch Fußball spielen", sagt Mutter, weil es sie nervös macht, wie ich mir dauernd mit den Händen auf die nackten Oberschenkel klatsche; immer abwechselnd, mal rechts, mal links.

„Keiner da", sage ich.

„Ich höre doch Stimmen", sagt Mutter. „Lauter Jugendliche!"

„Alles Kinder", sage ich. Aber weil sie mich nicht bei sich haben wollen und ich sie nervös mache, gehe ich raus. Die Holzperlenschnüre des Vorhangs in der offenen Tür fallen klatschend hinter mir ineinander.

*

Diesmal gucke ich nicht durch das Loch in der Hecke. Ich fahre mit dem Fahrrad ein paarmal den Weg entlang, von dem aus die Sicht in den Garten frei ist.

„Hallo", sagt Marianne, die gerade durch das Gartentörchen tritt, als ich wieder vorbeikomme, und ich muß bremsen und abspringen, um sie nicht umzufahren. Von nahem ist sie genauso hübsch wie von weitem. So was ist selten. Meistens werden einem von nahem alle Illusionen geraubt. Marianne hat einen weichen, blonden Flaum auf ihren Armen und Beinen, und ich kann gar nicht aufhören, sie anzustarren.

„Hey, Marianne", habe ich gesagt; und da sagt sie, daß sie Maria Anna heiße und auf das Getrenntsprechen Wert lege. Und ich finde es so auch viel schöner, weil es zu ihr paßt. Es hat so etwas Wertvolles.

„Auch wieder hier?" fragt sie und mustert mich von oben bis unten. Ich bin froh, daß ich ein Hemd mit Ärmeln anhabe, wegen des Sonnenbrandes. Das mit den Pickeln im Gesicht ist schon schlimm genug.

Aber ihre Augen bleiben zum Glück nicht auf den Pickeln haften. Also ist sie feinfühlig, wofür ich ihr dankbar bin. Sie sieht mir in die Augen und lacht freundlich. Ganz anders als die zickigen Mädchen zu Hause.

„Was hast du vor?“

„Och, nichts. Ist ja nichts los. Keiner da!“

„Ich gehe mit dem Hund spazieren. Willst du mitkommen?“

Mein Herz macht einen Bocksprung, und ich fühle, wie mein Gesicht rot wird und die Pickel anschwellen.

„Warum nicht“, sage ich, „besser als gar nichts“, und habe schon das Rad in die Hecke gelehnt. Sie sagt, ich solle es lieber abschließen. Sie geht rein, holt den Hund und die Leine und ruft etwas ins Haus hinein, wohl, daß sie jetzt geht. Dann macht sie schnell die Tür hinter sich zu. Hinter der milchigen Scheibe erscheinen zwei Kinderhände und dann ein Gesicht, das die Nase plattdrückt; ihre Schwester Ruth.

Im Wald haben wir dem Hund Stöckchen geschmissen und uns unterhalten; über die Musik, die wir beide mögen, und über die Schule, die wir beide ätzend finden. Aber für mich war das alles nicht so wichtig. Ich war immer eher mit Maria Anna beschäftigt, daß sie neben mir ging und ich die Wärme ihres Körpers spürte, besonders jetzt, wo es kühler wurde auf dem schattigen Weg, über dem die Kronen der Bäume schon in Mannshöhe anfangen zusammenzuwachsen. So etwas findet man nur hier. Und dann war da von Anfang an ein rauher Duft, der von ihr ausging. Besonders, wenn sie sich die Haare aus dem Nacken schüttelte. Ich wußte nicht, ob dieses rauhe Parfüm zu ihr paßte, und mußte darüber nachdenken, was mich beim Sprechen durcheinanderbrachte.

Maria Anna ging wie eine Königin.

Als sie mir einmal die Hundeleine zum Halten gab, berührten sich unsere Finger. Das war, als berühre ich ein fremdes Tier, von dem man nicht weiß, ob es gefährlich sein könnte. Deswegen zog ich auch instinktiv die Hand weg, und die Leine fiel auf den Boden. Und als wir uns beide schnell danach bückten, war ich ihrem Gesicht ganz nahe, ihren Augen und ihrem Mund. Seitdem habe ich dieses Bild immer vor mir: ihre geschlossenen Augen und ihre leicht geöffneten Lippen; obwohl, in dem Moment, da hatte sie, glaube ich, die Augen auf und den Mund zu.

Ich habe auch ihren B[illegible] ges[illegible]hen. Denn als sie sich bückte, beulte sich ih[illegible]m Ausschnitt aus. Aber nur den Anfang von dem Bu[illegible]wa[illegible]h und weiß.

Ich denke immerzu an Maria [illegible]na. Ich suche jede Gelegenheit, mit ihr zusammenzusein. Sie auch, mit mir. Zum Glück sind jetzt im Urlaub meine Eltern nicht so hinter mir her; Maria Annas Großeltern ein bißchen mehr, weil sie ja die Verantwortung haben, wie sie sagen. Aber Maria Anna findet immer eine Ausrede, um zu entwischen. Meistens gehen wir mit dem Hund, der eigentlich ein fieser Köter ist und mich nicht leiden kann. Auch im Schwimmbad sehen wir uns täglich. Bei dem Wetter kann ja keiner was dagegen haben, wenn man ins Schwimmbad geht. Nach dem Schwimmen liegen wir Hand in Hand nebeneinander auf dem Badetuch und lassen uns von der Sonne trocknen. Ich habe keine Angst mehr vor ihrer Hand.

Ich glaube, ich liebe sie.

*

Heute war nun ein Tag, den ich niemals vergessen werde. Es fing damit an, daß meine Alten einen Ausflug planten, und ich sollte mitkommen. Sie wollten, wie sie sagten, mir eine Freude machen, weil ich ja keine Freunde habe dieses Jahr und so viel allein sei; und man merke ja, wie ich mich langweile. Ich bestand darauf, keine Lust zu haben. Aber sie meinten, der Appetit komme beim Essen. Und während ich nur an Maria Anna dachte, packte Mutter den Picknickkorb und drückte mir die Decken in die Hand. Es gab kein Entrinnen. Dies eine Mal nicht. Ich wolle ihnen doch wohl diese Freude machen, die sie extra für mich ausgesucht hätten. Und ich sei ein purer Egoist und denke nur an mich.

Mutter schloß die Fenster und die Haustür, als sei es für immer. Es ging mit dem Bus in den Calluna-Park, den ich von früher kenne, voll von Menschen und kreischenden Kleinkindern. Auf dem Teich die Segel der Modellboote.

Für die Decken fanden wir einen Platz im Schatten von zwei ineinandergewachsenen Bäumen, und Papa hockte am Teich, hielt die Taue, an denen die Sprudelflaschen festgebunden waren, und starrte in das schleimige, braune Wasser, das träg schwappte und mit seinen Moosschwänzen die Flaschen umwedelte.

Nach dem Essen packte Mutter die Picknickreste ein und legte sich ins Gras. Ich fütterte ein Rudel Enten, die ans Ufer gepatscht kamen, mit den Papierschnitzeln von den Busfahrscheinen. Das fand selbst Vater einen Moment lang komisch. Bis Mutter schrie, denn eine Wespe hatte sie gestochen, als sie in das Stück Kuchen biß, das sie eigentlich bis zum Kaffeetrinken hatte aufheben wollen.

Vater kümmerte sich sehr um Mutter. Sie sperrte den Mund auf, um ihm die Stelle auf der Innenseite der Lippe zu zeigen, in die die Wespe gestochen hatte. Sie bestand darauf, daß Vater den Stachel heraussauge, damit sich das Gift nicht ausbreite. Sicher hatte Vater nicht viel Vergnügen daran, obwohl es so aussah, als küßten sie sich wild, wie im Film. Dann sollte der Stich gekühlt werden. Aber das Wasser aus den Flaschen im Teich war warm, und die Lippe schwoll immer mehr an, Vater qualmte nervös seine zahllosen Zigaretten, und jetzt breitete sich auch bei den beiden die schlechte Laune aus, die bei mir schon von Anfang an geherrscht hatte. Es war alles viel zu viel. Zu Hause, ohne die Eltern, wäre alles viel schöner gewesen. Es fehlte nur noch, daß sie mir die Schuld an dem ganzen Chaos gegeben hätten. Dabei war es die Wespe und die Hitze und überhaupt der ganze Park. Außerdem wäre ich ja viel lieber bei Maria Anna geblieben.

Zum Glück kamen sie von selbst auf die Idee, nach Hause zu gehen, vorbei an dem Wettrennen der Modellsegelboote, wo ich dann plötzlich doch Lust hatte zuzusehen. Aber Mutter zeigte auf die Eisbude und wollte mir ein Eis spendieren. In Wahrheit wollte sie selber eins. Als Kühlung für ihren Wespenstich. Dann hielt sie sich das Eis am Stiel gegen die Lippe, die ganze Zeit, auch im Bus. Der klebrige, gelbe Saft von dem geschmolzenen Eis tropfte ihr auf ihr geblümtes Sommerkleid.

Peinlich!

Als wir zu Hause ankamen, war es dann doch schon fast Abend, und ich schlich mich davon, um Maria Anna zu suchen, während Vater und Mutter schon wieder um den Wespenstich bemüht waren.

*

Und jetzt kommt es.

Ich fand Maria Anna nicht. Sie war nicht zu Hause, wo ich sogar wagte, nach ihr zu fragen. Sie war nicht im Wald mit dem Hund, sie war nicht unter den Zuschauern am Fußballplatz, sie war auf keinem der Wege im Park, die ich entlangfuhr. Ich traute mich natürlich nicht, nach ihr zu rufen.

Ich kam an der hohen Hecke vorbei, die das große Grundstück um das Haus umgab, das dieses Jahr unbewohnt geblieben war, und irgendein Gefühl sagte mir, ich solle da hineingehen. Kurz hinter der Öffnung der Hecke schob sich eine weitere Heckenwand in den Weg, so angelegt, um den Blick auf das Haus zu verhindern. Es folgten noch weitere Winkel. Es war ein richtiger Irrgarten. Ich ging auf dem schmalen Pfad zwischen den Heckenmauern und drang immer tiefer hinein, bis sie auf einmal zu Ende waren. Links lag das unbewohnte Haus. Die Vorhänge waren zugezogen. Alles sah unberührt und lang verlassen aus. Zu meinen Füßen wuchs das Gras hoch bis über meine Hüften. Von der Sommerhitze war es hellgebleicht, und obwohl Abend war, schien es, als habe sich die Hitze hier wie in einem Speicher gefangen. Über den Gräserköpfen lag ein silbriges Licht, und zwischen den Lanzen der Halme schossen funkelnde Strahlen hervor von der Sonne, die noch hoch am Abendhimmel stand. – Es war ganz still.

Ich sah Maria Annas Kopf, ihr Gesicht, wie sie aus der Mitte des Grasbades zu mir hersah. Sie winkte mir zu. Es gab keinen Pfad, von ihr getreten, um zu ihr zu gelangen. Vorsichtig schob ich mich mit den Füßen hinein, bog die Halme mit den Händen zur Seite und stand vor ihr, die auf mich gewartet und gewußt hatte, daß ich kommen würde.

Sie legte mir die Arme um den Hals, und ich spürte ihre Brüste durch ihre Bluse und durch mein Hemd. Und ich roch den rauhen Duft, der aus ihrem Haar aufstieg, das sich über ihren Kopf und meine Schulter ausbreitete. Ich nahm ihr Gesicht in meine Hände. Jetzt waren ihre Augen geschlossen und ihre Lippen geöffnet. Wir küßten uns.

Und jetzt weiß ich, wie Küssen geht und was Liebe ist, oder umgekehrt.

Und niemals mehr werde ich mit ihnen ein Picknick machen oder sonst etwas Schreckliches. Maria Anna und ich, wir werden immer zusammensein. Der Himmel sei mein Zeuge!

Christian Roth

Luftpost

Vom Fenster aus konnte Claudia die Hausbriefkästen kaum sehen. Sie mußte sich ganz in die Ecke ihres Zimmers zwängen und das Gesicht an die Scheibe drücken, um einen Blick auf die Metallkästen an der Hauswand werfen zu können. Sie hatte es sich angewöhnt, erst dann auf die Straße zu gehen, wenn sie sicher war, daß die Briefträgerin die Kästen gefüllt hatte. Im Haus wohnten so viele Leute, daß täglich mindestens einer eine Postsendung bekam, die nicht ganz in den Kasten paßte – das war dann ihr Zeichen.

An diesem Tag wartete sie schon lange. Sie stand in der Ecke ihres Zimmers und lehnte den Kopf gegen die kühle Fensterscheibe; ihre Hände umschlossen vorsichtig eine heiße Tasse Kaffee. Während sich ihr Blick zwischen den Bildern an den Wänden verlor, rechnete sie lautlos vor sich hin. Er mußte heute kommen. Der Brief. Sein Brief.

Jetzt schrieb sie Steve seit ungefähr einem Jahr, und seither kamen auch seine Briefe im gleichen Rhythmus. Per Luftpost alle zwei Wochen. Doch in den letzten drei Monaten war ihr Briefwechsel intensiver geworden. Sie schrieben zwar nicht häufiger als zuvor – aber viel vertrauter. Seit dieser Zeit stand sie regelmäßig mit einem seltsamen Gefühl im Bauch in der Ecke ihres Zimmers und wartete auf das Zeichen.

Obwohl sie Steve noch nie getroffen hatte, kannte sie seine Eigenheiten, seine Gedanken zu Leben und Tod, seine Einstellung zur Musik, zur Kunst und zur Liebe. Und er kannte die ihren. Sie schrieb Steve Dinge, über die sie mit niemandem sonst redete. Ihre Gefühle, ihre Wünsche, ihre Träume. Sie vetraute Steve, und Vertrauen war ein gutes Gefühl. Natürlich war die Distanz ein Problem, und oft, während sie schrieb, wünschte sie sich, sie könnte mit Steve über all das von Angesicht zu Angesicht reden. Doch seine

Augen lächelten sie nur von einem Foto aus an, das er einem seiner Briefe beigelegt hatte. Daran würde sich wohl auch in absehbarer Zeit nichts ändern.

Sie nahm einen Schluck Kaffee und preßte ihr Gesicht erneut an die Fensterscheibe. Sie blinzelte ein paarmal, um besser sehen zu können, und dann sah sie es – das Zeichen: Aus einem der Kästen ragte ein Versandhauskatalog oder etwas ähnlich Sperriges. Sie stellte ihre Tasse auf das Fenstersims, durchquerte schnell das kleine Zimmer und nahm im Flur den Briefkastenschlüssel vom Haken. Sie warf ihre Wohnungstür ins Schloß und lief die Treppe hinunter auf die Straße.

Den Briefkasten zu öffnen ist wie Geschenke auspacken. Man platzt fast vor Vorfreude, denn es könnte jeden Tag etwas Unerwartetes dabeisein. Unten angekommen, drückte Claudia mit einer Hand die Sichtblende ihres Kastens nach innen, um einen Blick auf das zu erhaschen, was sie erwartete, während sie mit der anderen Hand den Schlüssel im Schloß umdrehte. Und da sah sie es bereits: Das Kuvert mit der rot-blau-weiß gestreiften Luftpost-Borte leuchtete hinter der Telefonrechnung und einer Urlaubspostkarte in der Dunkelheit des Kastens.

Sie öffnete die kleine Blechtür, nahm den Inhalt heraus, warf nur einen kurzen Blick auf die übrigen Sendungen und besah sich das Luftpost-Kuvert. Es trug Steves Handschrift und seinen Absender und war wesentlich dicker als seine üblichen Briefe. Während sie die Stufen zu ihrer Wohnung hinaufstieg, studierte sie ihre Adresse, die seine Hand, Tausende von Kilometern entfernt, so liebevoll geschrieben hatte. Ihre Neugier auf den Inhalt des Briefes war so groß, daß sie ihn am liebsten schon im Treppenhaus aufgerissen hätte, doch sie ermahnte sich selbst zur Geduld. Die Briefe von Steve verdienten eine besonders würdige Behandlung. Man konnte sie unmöglich während des Treppensteigens zwischen Tür und Angel lesen. Dafür gab es die Telefonrechnung.

In ihrer Wohnung angekommen, legte sie die Post auf den Küchentisch, nahm ihre Tasse vom Fensterbrett und goß sich frischen Kaffee ein. Sie setzte sich und hielt Steves Brief in beiden Händen vor sich. Genußvoll las sie erneut ihre Anschrift und seinen Absender, bevor sie das Kuvert vorsichtig mit einem Küchenmesser öffnete. Als sie den Briefbogen herausnahm, bemerkte sie, daß noch ein zweiter Umschlag in dem Umschlag steckte. Einen Augenblick lang war sie unschlüssig, was sie nun zuerst tun sollte: den Brief lesen oder das zweite Kuvert öffnen, doch dann faltete sie den Brief auseinander und strich ihn auf dem Tisch glatt. Es war ein Brief in elegant geschwungener Schreibschrift, und der Anblick war für Claudia wie das Wiedersehen eines vertrauten Gesichtes. Begierig begann sie zu lesen. Zeile für Zeile, Wort für Wort, Buchstabe für Buchstabe. Und während ihre Augen über seine Sätze flogen, stieg in ihr wieder dieses seltsame Gefühl auf.

Steve erzählte mit nachdenklichen Worten, wie sehr auch er inzwischen die vertraute Atmosphäre genoß, die zwischen ihnen herrschte. Jeder Satz kam der jungen Frau wie eine kleine Umarmung vor.

Claudia wendete den Briefbogen, ohne davon aufzusehen. Sie hatte Schmetterlinge im Bauch und war so gespannt auf das, was Steve noch zu schreiben hatte, daß sie sich zwingen mußte, die Zeilen gründlich zu lesen. Vor allem die, bei denen sie ihren Augen zuerst nicht trauen wollte:

> Weißt Du, wir schreiben uns zwar jetzt erst seit einem Jahr, aber immer wenn ich an Dich denke oder Deine Briefe lese, erscheint es mir, als würden wir uns schon ewig kennen. Es gibt so viele Dinge zwischen uns, die zwar unausgesprochen, aber trotzdem ganz innig sind. Mein Großvater würde sagen, wir zwei sind aus einem Holz geschnitzt. Ich denke jetzt schon seit längerem darüber nach, ob und wie ich Dir meine Gefühle am besten vermitteln kann, und bin zu dem Schluß gekommen, daß das wohl nicht nur in Briefen geschehen kann. Versteh mich bitte nicht falsch, aber ich bin mir sicher, daß Dir ein gemeinsames Treffen bestimmt genauso viel Spaß machen würde wie mir. Deshalb habe ich diesem Brief ein Flugticket beigelegt.

Claudia las den letzten Satz nochmal. „... ein Flugticket beigelegt." Ein Flugticket beigelegt. Der Satz stand förmlich im Raum. Sie schob den Brief ein Stück beiseite und begann nervös, an dem zweiten Briefumschlag herumzufingern. Schließlich hielt sie ein computerbedrucktes, längliches Formular in den Händen. Es war der Flugschein.

Völlig verwirrt legte sie das Ticket beiseite und wandte sich wieder dem Brief zu. Sie überflog die gelesenen Zeilen noch einmal bis zu der Stelle, an der Steve seine Einladung erwähnte, und las den letzten Satz noch einmal.

> Deshalb habe ich diesem Brief ein Flugticket beigelegt. Du hast mir ja in Deinem letzten Brief geschrieben, daß Dein Urlaub vor der Tür stünde und Du noch gar nicht wüßtest, wo Du ihn verbringen sollst. Jetzt weißt Du es – komm mich besuchen. Der Flug geht non-stop von Frankfurt nach Chicago. Am Samstag, den 25. Juni. Ich hoffe, Du freust Dich. Weißt Du, ich habe einfach gedacht, dieser Schritt ist in unserer Freundschaft jetzt dran, da mir unsere Beziehung in der letzten Zeit so wichtig geworden ist. Sie ist mir sogar so wichtig geworden, daß ich mein Konto geplündert habe, um Dir dieses Ticket zu schenken, damit wir uns endlich einmal in Fleisch und Blut kennenlernen. Aber bitte verstehe mich nicht falsch, ich lade Dich nicht ein, um Dich auf den Prüfstand zu stellen, sondern schlicht und einfach deshalb, weil ich Dich sehr mag und mir sicher bin, daß wir uns auch von Angesicht zu Angesicht sehr gut, wenn nicht sogar noch besser, verstehen werden. Bitte gib mir Bescheid, wenn Du nicht kommen kannst oder willst, ansonsten erwarte ich Dich am Flughafen in Chicago. Ich weiß, daß das für Dich ziemlich überraschend kommt, aber ich weiß auch, daß Du ein spontaner Mensch bist. Also, meine liebe Claudia, gib Dir einen kleinen Ruck, und dann pack die Koffer. Ich verspreche Dir, es wird eine tolle Zeit. Ich freue mich unheimlich auf Dich. Bis dann.
> Grüsse und Küsse.
> Steve.

Langsam nahm Claudia die Situation wahr, sie drang bis in ihr Bewußtsein, und sie fing an, alles zu begreifen. Ihr Blick blieb eine Weile auf Steves Unterschrift hängen, bevor sie den Brief aus der Hand legte und mit der Faust entschlossen auf die Tischplatte klopfte. Sie stand auf, durchquerte das Zimmer und beugte sich über ihren Schreibtisch. Sie blätterte in ihrem Terminkalender bis zum 25. Juni vor, fand die Sparte leer, blätterte eine Woche zurück, um sich zu vergewissern, daß ihr Urlaub auch wirklich am 18. begann. Er tat es. So weit, so gut, dachte sie, aber kann ich das wirklich machen? Eigentlich kennen wir uns ja gar nicht, schoß es ihr durch den Kopf. Ach Quatsch, natürlich kennen wir uns, wir haben uns nur noch nicht gesehen. Das bedeutet gar nichts.

„Ja, ich mache es", sie sprach die Worte laut in den leeren Raum, wie ein persönliches Manifest. „Ich fliege nach Amerika. Ich besuche Steve. Ja, ich mache es."

Claudia setzte sich auf und dachte über die nächsten zu unternehmenden Schritte nach. Sie mußte jetzt in Bewegung bleiben und sich auf das Ziel konzentrieren. Sie katapultierte sich von der Bettkante, durchquerte erneut das Zimmer und öffnete ihren Kleiderschrank. Einen Augenblick blieb sie nachsinnend davor stehen, dann nahm sie den großen Koffer vom Schrank und begann zu packen.

*

Claudia warf einen Blick auf ihre Armbanduhr. Das hatte sie in den vergangenen sieben Stunden etwa hundert Mal getan. Gleich nach dem Start hatte sie den Stundenzeiger gemäß der Zeitverschiebung korrigiert, um abschätzen zu können, ob die Maschine Verspätung haben würde. Und eben hatte der Flugkapitän über die Bordsprechanlage verlauten lassen, daß sie in wenigen Minuten in Chicago landen würden. Der Blick auf die Uhr sagte Claudia, daß sie pünktlich sein könnten. Sie legte die Hände in den Schoß und blickte aus dem kleinen bulläugigen Fenster. Leider hatte sie einen Sitzplatz am Gang. Trotzdem sah sie, wenigstens bruchstückhaft, den weißen Wolkenteppich, über dem sie sich befanden und dem sie sich jetzt sehr schnell näherten.

Als das Flugzeug durch die Wolkendecke stieß und nur noch weißer Nebel vor dem Fenster zu sehen war, wandte Claudia ihren Blick ab, legte den Kopf zurück, schloß die Augen und atmete tief durch. Natürlich war sie nervös, das mußte sie sich selbst eingestehen. Verständlicherweise, schließlich war sie im Begriff, einen Menschen zu treffen, für den sie ganz besondere Gefühle hegte und von dem sie wußte, daß er diese Gefühle erwiderte. Außerdem war es eine nicht ganz alltägliche Situation, denn meistens bekam man sich ja zuerst zu Gesicht, bevor man anfing, eine wie auch immer geartete Sympathie füreinander zu empfinden. Nun, das war bei ihr und Steve nicht so und damit für Claudia einmal mehr der Beweis, daß Steve ein ganz besonderer Mensch und ihre Beziehung eine außergewöhnliche war.

Bei dem Gedanken an einen realen Steve aus Fleisch und Blut mußte Claudia lächeln. Es war ein schöner Gedanke, und er verursachte ein unbestimmtes, nicht lokalisierbares Kribbeln in ihrem Bauch. Sie freute sich sehr darauf, endlich die Stimme und den Körper zu dem Foto auf ihrem Schreibtisch kennenzulernen. Sie war gespannt auf die Art und Weise, wie sein Gesicht zu diesem Lächeln kam, daß er ihr auf dem Bild entgegenbrachte. Sie fragte sich, wie er sich wohl bewegen würde. Sportlich oder elegant? Behende oder eher dynamisch?

Vor Claudias innerem Auge entstand eine immer schönere Vorstellung: Steve, sportlich gekleidet, mit einem Strauß Blumen in der Hand in der Empfangshalle des Chicagoer Flughafens. Sein Gesichtsausdruck war in dem Lächeln eingefroren, das sie schon von seinem Foto her so gut kannte. Er winkte ihr zu und rief ihren Namen.

Claudia öffnete die Augen wieder. Sie setzte sich in ihrem Sessel aufrecht, schloß den Sicherheitsgurt und warf einen Blick aus dem Fenster. Wir könnten auch in Deutschland sein, dachte sie bei dem sich bietenden Anblick von Vorstadtsiedlungen, Straßenkreuzungen und Grünstreifen. Aber genau das war sie nicht. Sie war tatsächlich in Amerika. Claudia wurde mit einem Mal im tiefsten Innern bewußt, wo sie sich in diesem Augenblick befand, und urplötzlich erfüllte sie ein unbändiges Glücksgefühl. Sie war in Amerika. Sie spürte, wie sich in ihrem ganzen Körper ein unwahrscheinlicher Pioniergeist ausbreitete. Das Gefühl schmiegte sich wie ein seidenes Tuch an ihre Seele. Sie hatte Deutschland, ihr Leben und alles, was darin momentan schiefging, Tausende von Kilometern hinter sich gelassen und würde in der Empfangshalle des Chicagoer Flughafens ganz entspannt nur eines sein: Claudia Schiller, weiblich, 23 Jahre alt und ledig. Ohne die störenden Gedanken an den Job, die Probleme und die Vergangenheit. Das war eine Chance, und sie war gewillt, diese zu nutzen.

Das Flugzeug setzte auf der Landebahn auf, und Claudia wurde leicht gegen den Polit-Magazin lesenden Herren zu ihrer Rechten geschubst, welcher daraufhin kurz von seiner Lektüre aufsah und Claudia dumpf anlächelte. Claudia erwiderte das Lächeln, und schon verschwand das feiste Gesicht des Herren wieder zwischen den Seiten. Das ist vielleicht ein komischer Kauz, dachte sie, während sie ihren Sicherheitsgurt löste, sich das Sweatshirt zurechtzupfte und mit der flachen Hand ein paar Krümel von ihrem Schoß strich.

Mittlerweile schienen auch ihre Sitznachbarn bemerkt zu haben, daß sich die Flugreise dem Ende näherte, denn sie begannen, ihre Habseligkeiten in den Hand- und Hosentaschen zu verstauen. Über die Bord-Sprechanlage bedankte sich die Chef-Stewardeß für den Mitflug und wünschte allen Gästen einen angenehmen Aufenthalt in den USA. Den werde ich bestimmt haben, dachte Claudia lächelnd, während sie durch das Fenster dem regen Treiben auf dem Rollfeld zusah. Als die Maschine endlich an einem Terminal zu stehen kam, erhob sich Claudia – und mit ihr alle zweihundert Passagiere.

Sie unterzog ihr Sweatshirt einer letzten Fusselkontrolle. Dann nahm sie ihr Handgepäck aus der Ablage über dem Sitz und reihte sich zum Ausstieg ein. Langsam bewegte sich die Menschenkarawane, bis sie sich schließlich beim Verlassen der Gangway auflöste. Claudia stieg gemächlich die Metallstufen hinab und reckte ihr Gesicht der lachenden Sonne entgegen. Was für ein Tag! Sie folgte den Überresten der Karawane über ein Stück Rollfeld zu einem wartenden Transfer-Bus, stieg ein und ließ sich auf einen freien Sitzplatz fallen.

Ob Steve wohl schon da ist, schoß es ihr durch den Kopf, und sie warf einen erneuten Blick auf ihre Armbanduhr. Der Flieger war ziemlich pünktlich. Plus-minus fünfzehn Minuten mußte man schließlich immer einkalkulieren. Ob er schon lange wartete? Der Bus setzte sich, fast lautlos, in Bewegung, und Claudias Nervosität war im Begriff, in Aufregung umzuschlagen. Sie fühlte, wie auf ihren Handflächen kalter Schweiß ausbrach, während ihr Mund immer trockener wurde. Sie hatte ein komisches Gefühl im Magen. Trotzdem fühlte sie sich nicht wirklich schlecht, nein, im Gegenteil: Sie fühlte sich großartig.

„Aber was ist, wenn wir uns nicht verstehen?" Das Adrenalin leistete ganze Arbeit. Claudia hatte das Gefühl, sich im Zeitraffertempo zu bewegen, und je näher der Bus der Empfangshalle kam, desto schneller schienen das Leben und die Zeit vorbeizuziehen. Es gab keinen Augenblick mehr, keinen greifbaren Moment außer dem, auf den sie sich jetzt schon seit so langer Zeit freute. Gleich würde sie Steve gegenüberstehen und sehen, wie sein Gesicht zu diesem vertrauten Lächeln gelangte.

Der Bus hielt vor einer Glasfassade und öffnete seine Türen mit einem langgezogenen Zischen. Claudia erhob sich und hatte für einen Moment das Gefühl, ihre Beine würden ihr den Dienst versagen. Sie kam jedoch unversehens wieder ins Gleichgewicht und verließ leicht schwankend den Bus. Sie durchschritt ängstlich die Magnetschiebetür zur Empfangshalle und reihte sich an den Gepäckfließbändern in die wartende Menge ein. Abwechselnd starrte sie auf das vorbeiratternde Gummiband und auf die sich von Zeit zu Zeit öffnende Schiebetür, die in das Innere des Flughafens, zu den wartenden Freunden und Angehörigen – zu Steve – führte.

Es schien eine Ewigkeit zu dauern, bis die ersten Gepäckstücke ihre Runde auf dem Band machten; die Fluggäste begannen ihre Koffer und Taschen auf Gepäckwagen zu stapeln. Claudia hielt ihren Blick nun konzentriert auf das Förderband gerichtet, um ihr Gepäck nicht zu verpassen. Mit den Gedanken war sie aber schon längst jenseits der Tür bei Steve. Was er wohl anhatte?

Die Arme vor der Brust verschränkt, trat sie von einem Bein auf das andere und starrte auf die schwarze Öffnung, aus der unaufhörlich das Gepäck der Fluggäste herausquoll. Sie warf einen Blick auf die Uhr. Pünktlich wie die Maurer, wenn nur endlich das blöde Gepäck da wäre und sie hier rauskommen würde. Am Ende denkt Steve noch, ich hätte es mir anders überlegt, und fährt wieder nach Hause.

Schließlich sah sie ihren Koffer auf dem Förderband und umrundete die Anlage, um nicht noch länger warten zu müssen. Sie bekam den Griff zu fassen, zog den Koffer vom Band und begann schnurstracks auf die Ausgangstür zuzugehen. Während sie darauf zusteuerte, öffnete und schloß sich die Tür immer wieder und entließ unentwegt Fluggäste in die Augen und Arme ihrer wartenden Angehörigen. Die Bewegung der beiden Türflügel glich einem mächtigen und langsamen Lidschlag, zwischen dessen Öffnen und Schliessen ein ganzes Leben lag.

Hatte Claudia eben im Bus noch das Gefühl gehabt, das Leben zöge in rauschender Geschwindigkeit und unbegreifbar an ihr vorüber, so hatte sie nun das Gefühl, als ob es überhaupt nicht in Bewegung wäre. Obwohl sie kontinuierlich einen Fuß vor den anderen setzte, schien sie sich der Tür kaum zu nähern. Sie begann wieder zu schwitzen. Plötzlich spürte sie deutlich das Gewicht ihres Koffers und bemerkte all die Menschen, die sie zu überholen schienen. In einem Anflug von Panik beschleunigte sie ihren Gang, so wie ein Schiffbrüchiger in den Kraulstil verfällt, wenn er endlich eine Rettungsboje erspät.

Ihr Blick war nun auf die Menschen fixiert, die hinter der Tür an der Plexiglas-Bande warteten. Bei jeder erneuten Öffnung der Tür fahndeten ihre Augen nach Steve. Im Kopf hatte sie sein Phantombild. Im Herzen seine liebevollen Worte. Wenige Meter vor der Tür verlangsamte sie ihren

Gang wieder und schritt ganz gemächlich mit einem vorsichtigen Lächeln im Gesicht zur Gegenüberstellung.

Die Geräuschkulisse war ohrenbetäubend. Lautsprecherdurchsagen vermischten sich mit Radiomusik aus Ladenlokalen, Collegemannschaften wurden lauthals von ihren Kommilitonen begrüßt, Frauen riefen die Namen ihrer Männer und Männer die ihrer Frauen, Kinder schrien nach ihrer Mama. Sie bewegte sich bewußt langsam durch das Blickfeld der Wartenden und rechnete jeden Moment mit Steves Zuruf. Aus den Augenwinkeln beobachtete sie jede Bewegung und Veränderung innerhalb der Menge, jede Sekunde bereit, ihren Kopf, echte Überraschung heuchelnd, dem Rufer ihres Namens zuzuwenden.

Schließlich erreichte sie die Menge hinter der Bande, stellte ihren Koffer ab und ließ ihre Augen suchend über die Profile der Anwesenden gleiten. Gleich, jetzt sofort, würde sie ihn sehen! Sie suchte nach einem Körper, der sich aus der Masse löste und sich zielstrebig auf sie zu bewegte. Sie suchte nach einem Profil, das dem von Steve ähnelte. Sie las die Schilder, die Taxifahrer und Chauffeure in den Händen hielten. Sie suchte nach einem Paar Augen, das sie fragend musterte. Sie besah sich die Leute, die lesend oder schlafend auf den Wartebänken saßen. Sie durchwühlte mit ihren Augen die Ladenlokale und Cafétische. Vergebens.

Ein hilfloser Blick auf die Wanduhr über der Magnetschiebetür bestätigte ihr noch einmal ihre Pünktlichkeit. Mit einem langgezogenen Seufzer ließ sie sich seitwärts auf ihrem Koffer nieder. Die Reihen der wartenden Menge hatten sich sichtbar gelichtet, und nur noch vereinzelt standen Leute an der Plexiglas-Bande; ihr Gesichtsausdruck ähnelte dem von Claudia, in ihren Händen hielten sie meist einen winzigen Notizzettel mit Ankunftszeiten und Flugnummern, den sie sich immer und immer wieder vor Augen führten, in der Hoffnung, irgendwo zwischen den Zeilen auf das vermeintliche Mißverständnis zu stoßen.

Die Türflügel öffneten sich jetzt nur noch selten, und wenn, dann nur um Flughafenpersonal herauszulassen. Claudia hatte das Gefühl, die Zeit sei stehengeblieben. Sie starrte auf die glatte Oberfläche des Fußbodens und nahm weder die Bewegungen noch die allgegenwärtige Geräuschkulisse um sich herum wahr. Sie fühlte sich, als sei sie aus einem Traum erwacht, kurz bevor dieser einen Abschluß fand, und jetzt, zurück in der Realität, fühlte sie sich völlig zerschlagen und allein.

Wo blieb Steve bloß? Es dauerte eine ganze Weile, bis sie wieder einen klaren Gedanken fassen konnte, und ihr Kopf verlor sich sofort in Spekulationen über seinen Verbleib. Vielleicht stand er im Stau. Vielleicht war sein Wecker stehengeblieben, oder er hatte sich im Tag geirrt. Vielleicht wartete er draußen. Aber es gab einfach zu viele Möglichkeiten, und Claudia wurde bald müde, jede einzeln durchzuexerzieren. Sie stand auf und überlegte einen Moment, was sie tun könnte, dann kramte sie ihr Notizbuch aus der Handtasche und suchte nach Steves Telefonnummer.

Zum Glück hatte sie zu Hause in einer ihrer Schreibtischschubladen noch einige 25-Cents Stücke von Werweiß-woher gefunden. Sie nahm die Münzen aus ihrem Portemonnaie und warf sie in den nächstliegenden Fernsprecher. Claudia spürte, wie sich ein Kloß in ihrem Hals bildete. Sie mußte schlucken. Eine erneute Hitzewelle durchbrandete ihren Körper und brach tosend in ihrem Kopf in sich zusammen. Ihre kalten Finger berührten das stumpfe Metall der Wahltastatur und tippten die Nummer aus dem Notizbuch.

Während das fremde Freizeichen ertönte, erinnerte sie sich daran, daß sie Englisch sprechen mußte, und zupfte ihre Frisur zurecht, als könnte Steve sie sehen. Das Freizeichen ertönte einmal. Zweimal. Dreimal. Viermal. Fünfmal. Sechsmal. Dann ein Knacken und ein Knistern, Claudia spürte, wie das Adrenalin in jede Faser ihres Körpers schoß und ihr Mund zum Reden ansetzte. Sie drückte den Hörer fester an ihr rechtes Ohr und hielt sich das linke mit der freien Hand zu. Es ertönte ein kurzes Ploppen und ein Rauschen. Dann begann eine Stimme zu reden: „Hallo, hier ist Steve. Ich bin im Moment nicht zu Hause. Ich bin auf unbestimmte Zeit verreist. Falls du es bist, Claudia, es tut mir wirklich leid, aber ich habe plötzlich Panik bekommen, wir könnten uns nicht verstehen und dieses Treffen könnte vielleicht nur alles kaputtmachen, was wir uns über so lange Zeit aufgebaut haben. Es tut mir wirklich leid. Ich bin einfach noch nicht soweit. Ich habe meinen Wohnungsschlüssel bei meinem Vermieter deponiert, wenn du möchtest, kannst du in meiner Wohnung bleiben, so lange du willst. Alle anderen bitte ich, davon abzusehen, nach dem Pfeifton eine Nachricht zu hinterlassen. Versucht es ein anderes Mal wieder."

Ein langgezogener Piepton katapultierte Claudia zurück in die Wirklichkeit. Sie zögerte noch einen Augenblick und hängte dann ein. Das Leben schien aus ihr gewichen zu sein. Es war einfach nicht mehr da. Claudia stand wie angewurzelt vor der Reihe von Telefonautomaten und starrte sie an, als hätte sie noch nie etwas anderes getan und als hätte sie auch nicht vor, jemals etwas anderes zu tun. Sie fühlte sich tot. Lebendig begraben. Taub, stumm und blind. Langsam krochen auch die Strapazen des langen Fluges in ihr müdes Bewußtsein, und sie spürte ihren ausgelaugten Körper.

Sie nahm ihren Koffer auf, kehrte dem Telefon den Rücken zu und suchte nach einer Sitzgelegenheit. Lange studierte sie die Hinweisschilder, die von der Flughafendecke hingen, und fand bald eines mit der Aufschrift „Aussichtsterrasse". Sie folgte den Wegweisern über Rolltreppen und Emporen und fand sich in einem hohen Raum mit einem riesigen Panoramafenster zum Rollfeld wieder, vor dem man kleine runde Tische aufgestellt hatte.

Claudia blickte von der Aussichtsterrasse auf das Rollfeld und beobachtete, wie einige Schauerwolken die ersten Regentropfen gegen die Fensterscheibe fallen ließen, die in hunderte kleinere Tropfen zerbarsten. Sie spürte, wie der Kloß in ihrem Hals und die angestauten Gefühle sich ihren Weg in die Freiheit bahnten. Ihre aufeinandergepreßten Lippen begannen zu vibrieren, als sie versuchte, die Tränen zurückzuhalten. Doch sie kamen durch die Augen, die Claudia geschlossen hielt, um sie zu blockieren; dann rannen ihr die Tränen über die Wangen, und als die warmen salzigen Tropfen ihre Mundwinkel erreicht hatten, fiel jeglicher Widerstand in ihrem Innern in sich zusammen.

Claudia konnte nun ein hörbares Schluchzen nicht mehr unterdrücken. Sie nahm ihre Handtasche, fand eine Pakkung Papiertaschentücher, wischte sich die Tränen vom Gesicht und schneuzte sich. Ihre geröteten Augen blickten sich verstohlen im Raum um, doch schien es an den Tischen niemanden zu geben, der Notiz von ihr nahm. Sie schneuzte sich ein zweites Mal und wandte sich wieder dem großen Fenster zu. Es regnete nicht wirklich. Die Sonne brach noch immer mit voller Kraft durch die Wolken und ließ die Welt in einer intensiven Farbigkeit erscheinen. Über dem Rollfeld stand ein ungemein freundlicher Regenbogen. Claudia sah ihn an und erinnerte sich.

Sonja und Kai

Liebes-Erklärung

Nacherzählt von Fabian Vogt

Ich bin sicher, daß es für alles eine Erklärung gibt; zum Beispiel für das zarte Lächeln auf dem Gesicht meiner schlafenden Gefährtin, das ich so gern als Zeichen unserer Liebe deute. Und natürlich auch für das Wunder, daß sie jetzt überhaupt hier neben mir liegt. Ihr Kopf schmiegt sich in das bunte Muster der Kopfkissen, unsagbar weich und vertraut. Eine ihrer Locken schlängelt sich wie Efeu über ihre Wange, und vielleicht spürt sie sogar, daß ich sie im Halbdunkel des Mondlichts zärtlich betrachte. Ich kann nicht schlafen! Wie auch? Zu viele Gedanken müssen noch gedacht werden, und ich habe das meiste ohnehin bisher nicht verstanden. Dabei bin ich ganz sicher, daß es für alles eine Erklärung gibt. Natürlich existieren keine Beweise für meine liebevollen Theorien, aber wenn mich einer fragen würde, wie alles gekommen ist mit ihr und mir, ich glaube, ich wüßte, was ich erzähle.

Meine Freunde sind zwar seit langem davon überzeugt, daß meine Phantasie regelmäßig mit mir durchgeht; doch in diesem Fall gibt es keinen Zweifel. Es war so:

*

Die zwei begeisterten Squashspieler trafen sich vor den Duschen, schlenderten den neonhellen Gang zwischen den Umkleideräumen hinunter und ließen sich vor der Theke der Bar erschöpft in die breiten Sessel fallen.

„Und? Wie läuft es beruflich?“ fragte Alice, eine trotz ihrer weichen, etwas charakterlosen Gesichtszüge schöne Frau, die seit langer Zeit einmal pro Woche in das Fitnesscenter kam.

„Na, du weißt doch, wie das ist“, entgegnete ihr Mitspieler Chris ein wenig genervt, „andauernd neue Probleme. Im Augenblick betreue ich einen jungen Mann im nördlichen Teil Deutschlands. Keine leichte Aufgabe; vor allem deshalb nicht, weil wir für unser Computerprogramm andauernd neue Versionen bekommen, bei denen inzwischen keiner mehr durchblickt; naja, vielleicht habe ich auch bei der Schulung zu oft geschlafen, keine Ahnung. Jedenfalls komme ich nicht voran. Und nächste Woche will der Chef Ergebnisse vorliegen haben."

„Ist denn dein Kandidat ein echter Problemfall?" fragte Alice mehr aus Freundlichkeit als aus Anteilnahme.

„Ach was", antwortete Chris, „er ist eigentlich ganz ansehnlich und noch dazu richtig schön fromm. Trotzdem hat unser angeblich so ausgefeilter Beziehungs-Server im Internet bisher keine einzige passende Dame ausgespuckt. Wenn mir nicht bald etwas einfällt, wird der arme Junge am Ende durch meine Fehler in die Kategorie ‚Schwer vermittelbar' eingestuft."

Alice wirkte plötzlich doch interessiert. Sie spielte mit ihrem Ohr, wie sie es immer tat, wenn sie intensiv über etwas nachdachte, und schwieg. Nach wenigen Sekunden hob sie kurz die Augenbrauen, und ein schalkhafter Zug schlich sich in ihre Augen.

„Warum machen wir es nicht mal wieder auf die traditionelle Art: echte persönliche Arbeit. So wie früher. Paß auf! Ich glaube, ich habe die richtige Frau für dich, also, für deinen Fall, du weißt schon. Aber sag mir erst einmal, wie dein Kandidat überhaupt heißt!"

„Kai", murmelte Chris etwas überrumpelt.

„Na wunderbar, Kai und Sonja, das klingt doch gut. Darauf sollte man immer achten. Stell dir vor, ein Paar heißt, na, etwa Wiebke und Hieronymus – das kann doch nichts werden."

„Wo hast du denn plötzlich diese Sonja her?" Chris blickte seiner Kollegin neugierig in die hellen Augen.

„Ach, die mußte ich gerade bei einem längeren Auslandsaufenthalt unter meine Fittiche nehmen. Das ist eine etwas exaltierte ‚Ich suche gerade nach meinem eigenen Selbst'-Frau."

Chris lachte unvermittelt los, als er sah, wie Alice bei ihrer Beschreibung unwillkürlich die Nasenflügel kräuselte, den Mund leicht melancholisch spitzte und die Augenbrauen anhob, um besonders kritisch auszusehen.

„Na, das darfst du nicht so ernst nehmen", sprach Alice weiter. „Sonja ist ein prima Typ, eine Frau zum Pferdestehlen; nur weiß sie im Augenblick einfach nicht, was sie eigentlich will.

Irgendwie hat sie von allem die Nase voll und keine Ahnung, wie es weitergehen soll. Deshalb ist sie auch nach dem Abitur erst einmal für ein halbes Jahr nach Israel gegangen, um dort im Kibbuz ein bißchen Kommunismus auszuprobieren. Oder die Wüste kennenzulernen. Du weißt ja, wie das ist. Es gibt Phasen, da möchte man eben ganz anders sein als die Eltern – nur nie so spießig werden –, und dann fängt man plötzlich an, die ganze Welt in Frage zu stellen.

Meine Versuche, der guten Dame ein bißchen bei ihrer Suche nach einem sinnvollen Lebensmodell zu helfen, sind bisher allerdings auch nur sehr mühsam vorangekommen."

„Und du meinst, wenn wir die beiden zusammenbrächten, wären alle Probleme mit einem Schlag gelöst?" fragte Chris vorsichtig nach.

„Ich denke, wir sollten es einfach riskieren. Außerdem bedeutet so eine Aktion endlich wieder einmal eine richtige Herausforderung für uns: dem Glück himmlischerseits etwas auf die Sprünge helfen, ohne daß es die Beteiligten merken, mit viel Geschick und allem Drum und Dran; mit Sehnsucht, Romantik und ganz, ganz viel Liebe."

Chris nahm seinen Drink, leerte ihn in einem Zug, und als er das Glas wieder vom Mund nahm, grinste er so schelmisch wie damals, als er noch selbst auf der Erde herumlief. „Warum eigentlich nicht?" entschied er unternehmungslustig. „Und wo lebt deine unverhoffte Chance? Wahrscheinlich in Nepal, was? Mein Kai kann nämlich keinesfalls aus Gießen weg, ich habe ihm dort gerade erst einen anständigen Arbeitsplatz besorgt, und er ist noch in der Probezeit. Da kann er es sich nicht leisten, andauernd in der Weltgeschichte herumzufahren."

Alice lächelte: „Keine Sorge, ich habe schon eine Idee.

Sonja wohnt zwar im Augenblick noch am Bodensee und findet Hessen zum ..., na, du weißt schon. Aber das dürfte nur ein kleines Problem sein. Ich hab aus der Zeit vor dem Computer noch einige freche Tricks parat. Wart's nur ab!"

*

„Es hat geklappt, es hat geklappt!"

Alice kam mit einem weißen Blatt Papier in der Hand über den Platz gerannt und steuerte direkt auf Chris zu.

„Wie gut, daß ich bei der EDV-Einführung besser aufgepaßt habe als du", sprudelte die sphärische Frau außer Atem hervor, „es ging viel leichter, als ich dachte. Nach zehn Minuten war der Zugang zum ZVS-Computer geknackt, und wenn alles gut geht, bekommt unsere liebe Sonja gerade eben die briefliche Aufforderung, doch möglichst schnell ihren Studienplatz in Gießen anzutreten. Leider sei momentan an keiner anderen Uni Deutschlands für sie etwas frei. Na, da wird sich unsere Bodensee-Emanze aber ärgern. Sie wollte doch so gerne nach München oder Konstanz."

Die beiden sahen sich kurz an, dann brachen sie in ein ironisches Bedauern aus: „Ooooohhh!"

„Und wie geht es jetzt weiter?" Chris hatte sich von seinem spöttischen Kichern noch nicht ganz erholt und gluckste beim Reden vor sich hin. „Die beiden kennen sich doch noch überhaupt nicht."

Alice zog ihren Kollegen zu einer himmlischen Sitzbank, die gerade neben ihnen aufgetaucht war, setzte sich auf die schattige Seite und begann wieder, mit ihrem Ohr zu spielen. Doch diesmal kam ihr Chris mit einem Einfall zuvor: „Was hältst du von einer kleinen Party, bei der sich die beiden zufällig näherkommen."

„Vergiß es! Das ist genauso abgedroschen wie Kino, Eisbahn oder Disco. Nein, nein, für unseren kleinen, privaten Verkupplungsversuch brauchen wir etwas ganz Besonderes: Er könnte sie zum Beispiel beim Schwimmen retten, wenn sie einen Wadenkrampf bekommt, oder zufällig mit ihr im Fahrstuhl steckenbleiben."

„Wie bitte? Das soll besser sein als eine Party? Also, du

hattest auch schon originellere Ideen. Das ist doch alles absolut banal. Wir brauchen ein Konzept mit längerfristigen Erfolgschancen. Wie wär's? Wir könnten die beiden in einen gemeinsamen Volkshochschulkurs bringen. Ikebana oder Kisuaheli für Anfänger."

Alice zeigte mit beiden Daumen nach unten. Sie wollte gerade einen neuen Vorschlag machen, als es unter ihrem Gewand anfing zu piepsen.

„Du entschuldigst mich", sagte sie und verschwand, um ein Telephon zu suchen. Chris lehnte sich zurück, holte ein großes Stück Manna aus der Tasche und bestrich es dick mit Honig. Doch bevor er sich den Bissen genußvoll in den Mund stecken konnte, kam Alice zurück.

„Alarmstufe Rot! Ich habe gerade einen Notruf bekommen. Ich bin aber auch selbst daran schuld, ich vergesse immer wieder, daß wir nicht in der menschlichen Zeit leben. Also paß auf: Sonja will wieder zurück an den Bodensee. Sie ist stinksauer, weil sie jetzt seit einer Woche in Gießen und Umgebung nach einem bezahlbaren Zimmer sucht und nur Absagen bekommen hat. Inzwischen empfindet sie für die Stadt nur noch Haß und möchte so schnell wie möglich nach Hause."

„O nein, das darf doch nicht wahr sein." Chris runzelte die Stirn. „Und was jetzt?"

„Ich denke, es ist das Beste, wenn ich runtergehe und vor Ort nach dem Rechten sehe."

„Bist du sicher, daß du das noch kannst? Ich meine ... das letzte Mal ist bei dir doch auch schon lange her."

„Keine Sorge! Das bekomme ich schon hin. Außerdem: Was ich angefangen habe, das führe ich auch zu Ende!"

*

Die junge Frau strich sich die Haare aus der Stirn, zog den Riemen ihrer Handtasche wieder auf die Schulter und faltete lustlos den kleinen Zettel auseinander, mit dem sie schon während der Busfahrt gespielt hatte, um ihre Nervosität zu unterdrücken.

Während sie die Adresse noch einmal las, nahm sie sich

fest und unwiderruflich vor, nach diesem allerletzten Versuch der Stadt endgültig den Rücken zu kehren.

Sie streckte sich, als wolle sie sich selbst Mut zusprechen, sah sich kurz um, in welcher Richtung sie die Allee entlanglaufen mußte, und ging los.

Das Haus Nummer 37 stand verborgen zwischen zwei Mehrfamilienhäusern, leicht zurückgesetzt und mit kleinen Erkern, von denen die einst weiße Farbe an mehreren Stellen abbröckelte.

„Warum nicht!" dachte Sonja. „Hier läßt es sich leben. Also, alles oder nichts. Entweder es klappt diesmal mit der Wohnung, oder ich sehe meine Mißerfolge als unmißverständliches Zeichen, daß ich hier einfach nicht hergehöre."

Sie suchte einen Moment vergeblich an der Gartenpforte nach einer Klingel, dann öffnete sie vorsichtig das Tor, um zur Haustür zu gelangen. Der Kiesweg knirschte zutraulich unter ihren Füßen, und mit jedem Schritt, den die Studentin auf das Haus zuging, steigerte sich ihre Aufregung. Der Abschied vom Bodensee war ärgerlich gewesen, eine erfolglose Rückkehr erschien ihr dagegen wie eine persönliche Niederlage. Am widerlichsten aber fand sie die Vorstellung, weiterhin pro Tag fünf freundliche, aber bestimmte Stimmen zu hören, die ihr erklärten, daß sie leider die Falsche für das Zimmer sei.

Endlich erreichte Sonja die blaue Holztür, durch deren trübe Glasfenster man einen verschwommenen Blick in das Innere des Hausflures werfen konnte. Alles wirkte ein bißchen verkommen, aber gemütlich.

„Eigentlich witzig", dachte sie, „jetzt drücke ich diesen Klingelknopf, und die nächsten zwei Minuten sind für mein Leben entscheidender als das lange halbe Jahr in Israel. Von dem, was jetzt gleich passiert, hängt es ab, ob ich in Gießen bleibe oder zurück an den Bodensee fahre, welche Freunde ich demnächst kennenlerne, wie meine Ausbildung verläuft, welchen Ferienjob ich bekomme, ob ich ein hessischer oder ein bayrischer Dickschädel werde, und es entscheidet sich wahrscheinlich auch, ob und wo ich meinen nächsten Freund finde. Zwei Minuten, die den Verlauf von Jahren bestimmen. Es ist ein bißchen so, als ob auf einmal alle Entscheidungen brennpunktartig zusammenkommen. Jetzt heißt es: Alles oder nichts? Wenn ich diese Klingel drücke ..."

Plötzlich wurde ihr flau im Magen, und sie hätte am liebsten wieder umgedreht, um davonzulaufen. Schließlich senkte sie kurz die Augenlider, als wolle sie noch einmal tief einatmen, dann nahm sie ihren ganzen Mut zusammen und drückte mit aller Kraft auf den Knopf. Ein schrilles Scheppern durchlief das Haus von oben bis unten.

Nichts rührte sich. Sonja drückte noch einmal ihren Daumen auf den rostigen Knopf. Und noch einmal, diesmal viel länger. Jedesmal wenn der Ton verstummt war, legte sich das mißmutige Schweigen wie eine dicke Decke über den Vorgarten und hüllte die junge Frau ein. Im Inneren des Hauses aber blieb alles regungslos.

„Bitte, es hat also nicht sollen sein. Bodensee, ich komme wieder!"

Etwas heftiger als gewollt trat sie noch einmal gegen die morsche Tür, wendete sich um und errötete. Denn gerade trat eine andere junge Frau durch das Gartentor und lief eilig auf die enttäuschte Studentin zu.

„Oh, Guten Tag. Verzeihen Sie, aber ich war etwas durcheinander, das mit der Tür tut mir natürlich unheimlich leid", stammelte Sonja. „Ich komme wegen des Zimmers. Sie dürfen mir das mit dem kleinen Ausraster nicht übelnehmen."

„Was erzählst du denn für ein Zeug?" sagte die andere. „Ich bin auch wegen der Anzeige hier. Was ist mit dem Zimmer, ist es noch frei?"

Sonja wurde wieder ruhig: „Vergiß es, es ist keiner da. Ich glaube, wir haben den Weg beide umsonst gemacht."

„Das darf doch nicht wahr sein." Wütend lehnte sich die trotz ihrer weichen, etwas charakterlosen Gesichtszüge schöne Frau an die Wand, und Sonja war überzeugt, daß sie nun beide exakt den gleichen enttäuschten Ausdruck in den Augen hatten. Um überhaupt irgend etwas zu sagen, wagte sie einen letzten Anlauf: „Weißt du, ich habe mich gerade entschieden, zurück an den Bodensee zu gehen. Es macht einfach keinen Spaß, seine Zeit mit sinnloser Wohnungssuche zu verschleudern. Ich nehme ja an, du weißt auch nichts mehr, sonst wärst du wohl nicht hier. Oder?"

„Nee, ich bin schon seit zwei Wochen unterwegs. Keine Chance. Die ganze Stadt ist dicht. Manchmal könnte ich durchdrehen. Aber das bringt ja auch keine Bleibe. Wie gesagt, die ganze Stadt ist dicht – es sei denn, du hast Lust auf lauter Verrückte. Gestern war ich bei einem ganz merkwürdigen Laden, einer christlichen WG, total abgefahrene Typen. Da darf man nicht rauchen, es gibt eine ellenlange Hausordnung, und ich nehme an, wenn du mal einen Mann über Nacht dahast, mußt du am Morgen zur Beichte oder noch Schlimmeres. Das war nichts für mich. Wenn du auf solche Typen stehst, probier's einfach mal. Ludwigstraße 24, im dritten Stock, rechts, den Namen hab' ich vergessen, ist ja auch egal. Also, ich verschwinde jetzt." Die Fremde zuckte mit den Achseln, lief erstaunlich schnell zum Gartentor, sprang darüber und war hinter den Hecken nicht mehr zu sehen.

*

Chris weigerte sich, den Squashraum zu betreten. Er wollte erst den Rest der Geschichte hören.

„Du hast sie einfach zu dieser WG geschickt, und sie hat das mitgemacht?"

Alice schmunzelte: „Ideen muß man haben. Ich sage dir, es war noch keine halbe Stunde vergangen, da stand Sonja in der Ludwigstraße und hat sich das Zimmer angeguckt. Sie ist übrigens viel gerissener, als ich gedacht hätte; mit Kirche hatte sie nämlich noch nicht besonders viel am Hut. Und du glaubst kaum, wie die die frommen Brüder eingewickelt hat. Sie hat im wahrsten Sinne des Wortes zu allem ‚Ja und Amen' gesagt und sich mit den letzten Erinnerungen aus dem Konfirmandenunterricht irgendeine geistliche Vergangenheit angedichtet. Sie wollte das Zimmer eben um jeden Preis haben. Jetzt denken alle, sie sei fromm, und sie hat ihr heiß begehrtes Quartier. Dreimal darfst du übrigens raten, wer in der Etage darunter wohnt.

So! Ich denke, wir haben unseren Teil der Sache erledigt.

Wir sind ja schließlich keine Kuppler. Ineinander verlieben müssen sie sich schon selbst. Liebe ist nun einmal freiwillig; Gott sei Dank, kann man da nur sagen. Aber ich sehe in dieser Beziehung keine großen Probleme.“

Chris nahm Alice in die Arme und drückte ihr einen begeisterten Engelskuß auf den Mund; was schon einiges heißen will.

*

Sie liegt immer noch wie vorhin. Sie würde bestimmt zugeben, daß sie damals auch nicht geglaubt hätte, daß sie sich in einen von diesen Frommen verlieben könnte. Genausowenig hätte sie es für möglich gehalten, daß sie eines Tages selbst der unglaublichen Faszination Jesu erliegen würde. Jetzt gehören wir zusammen. Die merkwürdige Geschichte von der seltsamen Frau an der noch merkwürdigeren Haustür hat sie mir allerdings erst nach der Hochzeit erzählt. Und nun bin ich ganz verwundert. Aber nicht ganz so sehr, wie ich in sie verliebt bin. Die herrliche Linie ihres Körpers hebt und senkt sich sacht im Takt ihres Atems. Ich sonne mich leise in ihrem lautlosen Lächeln. Langsam werde ich müde. Sie kam einfach eines Tages zu mir. Ich bin sicher, daß es für alles eine Erklärung gibt, ja, ich bin ganz sicher: So war es!

Sigrid Christian

Irischer Sommer

Mit leuchtenden Augen sah sich Doreen um. So faszinierend hatte sie sich ihr Urlaubsland nicht vorgestellt. Diese Weite war atemberaubend. Soweit sie sehen konnte, war alles grün, nur unterbrochen von unzähligen Steinmauern und hin und wieder von einem einsamen Gehöft. Doreen startete ihren Wagen wieder, der sie die ganze weite Strecke gebracht hatte, und gab Gas. Es war der erste Urlaub seit langem, den sie alleine verbringen würde. Alleine, ohne ihre liebenswerten, aber chaotischen Eltern und Geschwister. Sie brauchte Abstand von ihrer Arbeit, denn die letzten Wochen waren anstrengend gewesen und hatten ihre Nerven strapaziert. Doreen war kein Mensch, der bei Feierabend alles Berufliche hinter sich lassen konnte. Jetzt aber wollte sie ausspannen und nicht an die vielen Schicksale denken, mit denen sie im Kinderheim konfrontiert wurde. Ferien ohne Streß. Doreen lächelte vor sich hin, als sie an ihre Eltern dachte. Die hatten sich gewundert, daß sie allein fahren wollte.

„So alleine werde ich gar nicht sein", murmelte Doreen vor sich hin. „Schließlich kenne ich Luke und Sharon seit Jahren, auch wenn ich sie lange nicht mehr gesehen habe."

Sharon hatte schon oft geschrieben, Doreen solle einmal nach Irland kommen. Und diesen Sommer hatte die junge Frau es endlich geschafft.

Sie folgte den Schildern Richtung Sligo, und nachdem sie eine Weile hinter einigen Kühen hergezuckelt war, tauchte das Haus wieder auf, in dem sie die nächsten Tage verbringen würde. Die Frau, die gerade herauskam, war Sharon. Doreen erkannte sie sofort. Sie bremste mit quietschenden Reifen und sprang aus dem Auto.

Eine stürmische Begrüßung folgte, bei der beide Frauen

gleichzeitig aufeinander einredeten. Schließlich mußte Sharon lachen. „Entschuldige, ich freue mich einfach so sehr, daß du endlich gekommen bist."

„Meinst du, ich nicht?" fragte Doreen zwinkernd. „Wo ist Luke?"

„Er ist mit den Zwillingen unterwegs, wird allerdings jeden Moment wieder hier sein. Komm erst einmal in die gute Stube, du hast sicher Durst."

Kurz darauf saßen sich die Freundinnen am Tisch gegenüber.

„Wie lange haben wir uns nicht gesehen?" überlegte Sharon. „Ist das wirklich schon vier Jahre her?"

„O ja. Ihr habt mich an meinem Geburtstag besucht. Damals wart ihr gerade frisch verheiratet."

Sie schwelgten in Erinnerungen an die Zeit, als sie sich kennengelernt hatten. Auf einer christlichen Freizeit in Holland war das gewesen, die unter anderem Doreens Vater, ein Pfarrer, geleitet hatte. Keine der beiden jungen Frauen hatte ein Gefühl der Entfremdung, es war, als hätten sie sich gestern das letzte Mal gesehen. Als dann Sharons Mann zurückkam, wurde er mit einbezogen in die Erinnerungen.

Doreen ging an diesem Abend müde, aber seit langem wieder einmal gelöst und entspannt zu Bett. Sie war überzeugt, daß wunderbare Tage vor ihr lagen.

*

Einige Tage später fuhr Doreen in die Stadt, um einzukaufen. Sie beeilte sich, da sie nachmittags mit ihren Freunden zum Schwimmen wollte.

Als sie sich auf den Rückweg machen wollte, den Kofferraum voller Lebensmittel, passierte es: Der Motor stotterte und war durch nichts zum Anspringen zu bewegen. Doreen war den Tränen nahe. Daß das ausgerechnet im Urlaub passieren mußte! Hinter ihr hatte sich schon eine Schlange angesammelt. Wenigstens hupte keiner oder machte boshafte Bemerkungen über Frauen am Steuer. Aber das half Doreen in diesem Moment auch nicht.

„Geben Sie es auf, starten zu wollen", sagte eine Stimme ruhig durch das geöffnete Autofenster. „Sonst säuft der Wagen völlig ab!"

Doreen wandte sich in Richtung der Stimme und sah in ein freundliches Gesicht, das zu einem älteren Mann gehörte.

„Wenn Sie möchten, schiebe ich Ihr Auto an die Seite, dann können Sie dort auf jemanden warten, der Sie abschleppt", fuhr der Mann fort.

Doreen überlegte nicht lange. Es war ihr unangenehm, daß sie ein Verkehrshindernis darstellte. Als ihr Wagen am Straßenrand stand, atmete Doreen tief durch und bedankte sich bei ihrem Helfer. Dieser lächelte aufmunternd. „Was werden Sie denn nun machen?" erkundigte er sich.

Doreen zuckte die Achseln. „Ich werde die Leute anrufen, bei denen ich wohne", seufzte sie. „Dann werde ich weitersehen. Es wird sich schon etwas finden."

Wohl war ihr dabei allerdings nicht. Sharon würde sie nicht abholen können, das wußte Doreen, denn Luke war mit dem Auto unterwegs und wollte erst abends zurück sein. Und was würde aus den ganzen Sachen im Kofferraum werden? Wie sollte sie die transportieren?

Ihr Helfer sah unglücklich auf seine Armbanduhr. „Ich würde Sie gerne zu Ihrem Ziel bringen, aber jetzt muß ich mich doch beeilen. Mein Zug wartet nämlich nicht, nicht einmal in Irland. Alles Gute!"

Doreen nickte. Ihre Gedanken waren bei den Lebensmitteln und der Frage, wie sie zurück zum Hof kommen sollte. Zumal sie ihr Auto nicht einfach hier stehen lassen konnte. Sie schwankte einen Moment zwischen Wut und Hilflosigkeit. Dann ließ sie sich mit einem Stöhnen an ihr schwarzes Auto fallen. Die Haare wirbelten ihr ins Gesicht, Doreen strich sie zur Seite. Es hatte keinen Sinn, sich hier hängen zu lassen, sie mußte etwas unternehmen! Eine Tankstelle oder Werkstatt würde es hier doch geben. Und ein Taxi, das sie nach Hause bringen konnte, zu Sharon, die sich bestimmt schon fragte, wo Doreen blieb.

Doreen hob das Gesicht und betete um Hilfe, denn sie wußte nicht, was sie tun sollte. Da entdeckte sie die Telefonzelle, die ihr bis eben vor lauter Grübeln nicht aufgefallen war. Wenigstens konnte sie Sharon anrufen.

Nach dem Telefonat fand sie bei ihrem Auto einen jungen Mann vor, der sich suchend umsah. Sein Overall wies ihn als Automechaniker aus. „Ist das Ihr Wagen?“ fragte er, als er Doreen bemerkte, die ihn forschend betrachtete.

„Ja, wieso?“ entgegnete sie genervt.

„Fressen Sie mich nicht gleich auf!“ Der junge Mann hob begütigend die Hände. „Mein Onkel hat mich angerufen, daß hier jemand Hilfe brauchen könnte.“

„Ihr Onkel?“ Jetzt dämmerte es Doreen. Sie schüttelte lächelnd den Kopf. „Wenn es Ihr Onkel war, der mir geholfen hat, den Wagen zur Seite zu schieben, dann bin ich diejenige, die Hilfe braucht.“

„Das nehme ich doch an“, schmunzelte der Fremde. „So viele Autos, die aussehen wie eine Sardinenbüchse und nicht mehr anspringen, gibt es in Sligo dann doch nicht.“

Doreen starrte ihn an. Sardinenbüchse hatte er ihren Flitzer genannt! Das hatte bisher nur ihr Bruder Maurice gewagt, der das kleine Auto stets als Zielscheibe für seine Witze benutzte. Hatte er ihr doch, als sie das Auto von den Eltern geschenkt bekommen hatte, zusammen mit den Schlüsseln einen Dosenöffner überreicht. Aber auf diesen Fremden konnte Doreen leider nicht einfach losgehen und ihn mit den Fäusten bearbeiten!

Währenddessen hatte der freundliche Helfer bereits begonnen, ein Abschleppseil an ihrem Wagen zu befestigen. Doreen erhob keinen Einspruch gegen seine eigenmächtige Handlung. Sie war viel zu sehr damit beschäftigt, ihren Helfer unter die Lupe zu nehmen. Er war groß, gut gebaut und hatte ein sympathisches Gesicht. Sein gewelltes Haar war dunkelbraun, fast schwarz, und reichte beinahe bis zur Schulter. So genau konnte Doreen es allerdings nicht erkennen, da er das Haar zu einem Pferdeschwanz gebunden trug.

„Was haben Sie vor?“ fragte Doreen nun doch, obwohl es eigentlich offensichtlich war.

„Na, was wohl? Ich werde den Kleinen abschleppen“, kam die Antwort fröhlich. „Schließlich können Sie ihn hier nicht stehen lassen.“

„Nein, das geht natürlich nicht. Er sollte um diese Uhrzeit schon sein Fläschchen bekommen haben!“ brummte Doreen, konnte sich aber gerade noch selbst das Lachen verbeißen. Wenn es sich nicht um ihr Auto gehandelt hätte, hätte sie die Situation direkt genießen können. Außerdem hatte sie noch das Problem mit den Lebensmitteln, die schleunigst in einen Kühlschrank gehörten.

„Was meinen Sie, was es sein könnte?“ erkundigte sich Doreen dann.

„Ich bin mir noch nicht sicher. Aber ich vermute, es ist die Lichtmaschine. Keine Bange, morgen fährt er wieder.“

„Ach, morgen erst? Und was mache ich damit?“ Doreen öffnete den Kofferraum und wies auf die Einkäufe. „Die kann ich schlecht da drin lassen, nicht wahr?“

„Tatsächlich. Es wäre schade um das viele Zeug.“ Dann sah er Doreen an, als frage er sich, wofür sie all das brauchen könnte. Sie sah doch gar nicht aus, als hätte sie eine Nordpolexpedition vor. Im Gegenteil, sie war eine hübsche, zierliche junge Frau. Bestimmt aß sie das alles nicht alleine auf!

„Ich habe für meine Freunde eingekauft“, erläuterte Doreen. „Ich habe sie angerufen, aber Sharon hat das Auto heute nicht, und Luke ist erst spät zurück ...“

„Sharon und Luke? Wohnen Sie etwa bei den beiden? Nun, dann kann ich Sie hinfahren. Ich kenne Luke gut, wir sind alte Freunde.“ Er grinste breit. „Schon seit wir gemeinsam die Lehrer zur Verzweiflung gebracht haben. Sie sind sicher eine Freundin von Sharon?“

Doreen nickte. Ihr war plötzlich leichter ums Herz. Wenn ihr Helfer Luke kannte, dann war alles in Ordnung. Und vielleicht könnte sie ihn dann sogar öfter sehen. Doreen zuckte zusammen. Was dachte sie denn jetzt schon wieder?

Sie stieg schnell in ihr Auto. *So ist es also, wenn man sich abschleppen läßt!* dachte sie und schmunzelte.

Kurz darauf waren sie an der Werkstatt angelangt.

Doreen dachte kurz daran, daß sie mehr Geld brauchen würde, als sie bei sich hatte, doch dann folgte ihr Blick dem jungen Mann, der sich mit einem Mitarbeiter unterhielt. Was war denn nur mit ihr los? Daß der Fremde gut aussah und nett war – das rechtfertigte noch lange nicht dieses Kribbeln im Bauch, das sie verspürte. Außerdem: wenn sie wirklich das erlebte, was man Verliebtsein nannte – was sollte sie denn mit einem Iren? Ein Ferienflirt? Nicht mit Doreen Briand! Hastig brachte sie ihre Frisur in Ordnung, die der kräftige Wind durcheinandergewirbelt hatte. Schließlich wollte sie nicht aussehen wie ein ungepflegter Handfeger. Auch wenn sie eigentlich nicht an dem Mann interessiert war.

Er kam zu ihr und lächelte aufmunternd. „Also, wenn Sie möchten, kann ich Sie zu Ihrer Freundin bringen."

„Gerne. Wann denn?" Doreen wunderte sich selbst, daß ihre Stimme so merkwürdig belegt klang.

„Gleich, wenn es Ihnen recht ist. Dann kann ich später noch nach dem Kleinen sehen." Mit diesen Worten wies er auf Doreens Auto.

Sie lachte. „Danke, das wäre nett."

„Gut. Übrigens, ich habe mich noch gar nicht vorgestellt. Mein Name ist Brendan." Wieder lächelte er, und in seinen braunen Augen tanzten kleine goldene Lichter. Auch Doreen nannte ihren Namen. Kurz darauf saß sie neben Brendan im Auto. Er kannte wirklich den Weg zu Sharon und Luke.

Doreen genoß es, neben ihm zu sitzen und seine Hände zu beobachten. Er trug keinen Ring, aber wie war das eigentlich bei den Iren?

Sie waren bald am Ziel, und Sharon kam aus dem Haus geeilt. „Da bist du ja!" rief sie. „Oh, hallo, Brendan, schön, daß du sie gefahren hast. Ich habe schon überlegt, was wir machen sollen. Wenn Luke nur nicht mit dem Auto unterwegs wäre!"

„Jetzt bin ich ja da", lachte Doreen. „Hilfst du mir beim Ausladen? Es ist eine ganze Menge."

„Allerdings", ließ sich Brendan trocken vernehmen, während auch er mit anpackte. „Wenn in Sligo eine Hungersnot ausbricht, seid ihr schuld."

Sharon boxte ihn in die Seite. „Eigentlich wollte ich dich zum Abendessen einladen, dafür, daß du meine Freundin heil hergebracht hast, aber ..."

„Wirklich?“ Brendan ergriff ihre Hand und schüttelte sie. „Sehr freundlich von dir. Ich komme gern. Bis später dann.“ Damit brachte er Sharon zum Lachen und Doreens Herz zum Flattern. Er zwinkerte den beiden Frauen zu und verschwand.

Sharon bekam allmählich wieder Luft. „Da bist du also ausgerechnet an Brendan geraten.“

Doreen nickte und ergriff die Gelegenheit. „Wie ist er denn so?“

„Du hast ihn doch kennengelernt. Unmöglich, aufdringlich, lästig eben.“ Sharon prustete wieder los, als sie Doreens Gesichtsausdruck bemerkte. „Ach was, das war nur Spaß, er ist einer von Lukes ältesten Freunden, das spricht doch für ihn, oder? Ehrlich, ich mag Brendan.“ Sie bedachte Doreen mit einem merkwürdigen Blick. „Aber du ... hmmm ...“ Einer der Zwillinge begann zu schreien, und Sharon entschuldigte sich.

Doreen ließ den Blick schweifen. Was hatte wohl dieses „Hmmm“ von Sharon zu bedeuten? Nun, immerhin würde sie Brendan bald wiedersehen

„Du kannst dir nicht die ganze Zeit etwas vormachen“, sagte Doreen halblaut zu sich selbst. „Dieser Brendan interessiert dich. Na, mal abwarten.“

*

„Was führt dich denn hierher?“ fragte Luke abends gutgelaunt, als er den Freund am Tisch sitzen sah.

„Die beiden reizenden Frauen haben mich eingeladen“, kam die Antwort, nicht ganz wahrheitsgemäß.

„Denn sie wissen nicht, was sie tun!“ zitierte Luke lachend. „Schön, daß wir dich mal wieder zu Gast haben“, fügte er noch hinzu.

„Nicht wahr?“ Brendan nickte.

Sharon teilte das Essen aus, dann ließen sich alle am Tisch nieder, und Luke bekam von den Frauen eine Kurzfassung darüber zu hören, was mit Doreens Auto geschehen war.

„Du Arme, daß das ausgerechnet in deinem ersten Irland-

Urlaub passieren muß", sagte er mitfühlend. „Und dann muß dir auch noch Brendan über den Weg laufen. Vom Regen in die Traufe kommen, nennt man das wohl."

Doreen sah aus den Augenwinkeln, wie Sharon einen kritischen Blick mit ihrem Mann wechselte und dann von Brendan zu Doreen sah. Sie würde später noch mit Sharon wegen dieser seltsamen Zeichen reden, nahm Doreen sich vor.

Das Abendessen verlief wundervoll, und als die Zwillinge schlafend in ihren Betten lagen, schlug Sharon einen Spaziergang ans Meer vor. Weit wollte sie sich allerdings wegen der Kinder nicht entfernen.

Doreen nutzte die erste Gelegenheit, um Sharon anzusprechen. „Ist irgend etwas mit Brendan?" erkundigte sie sich.

„Ach, er ist sehr nett", antwortete Sharon ausweichend. „Aber, naja, nichts für dich."

„Und wieso nicht? Wenn er doch nett ist?"

„Das ist es nicht. Ich mag ihn ja auch. Nur, verlieben, meine ich, solltest du dich nicht. Weil ... ach, frag ihn doch selbst."

Doreen schüttelte den Kopf über ihre Freundin. So war sie sonst nicht. Nachdenklich lief sie zu Brendan.

Die allmählich untergehende Sonne spiegelte sich auf den Wellen und tauchte alles in ein tief orangerotes Licht.

„Was mir an diesem Land gefällt, sind die langen Sommerabende", sagte Brendan zu Doreen.

Sie nickte, ganz in Gedanken. Brendan musterte sie, ohne daß sie es bemerkte. Als sein Onkel ihn gebeten hatte, sich der Touristin anzunehmen, hatte er schon mit einem in Tränen aufgelösten Wesen gerechnet und war angenehm überrascht worden. Diese Frau faszinierte ihn.

Luke und Sharon kamen heran, und Sharon meinte, sie wolle lieber wieder zurück.

„Ich bleibe noch ein wenig", murmelte Doreen. „Mir gefällt der Sonnenuntergang so gut."

„Dann genieße ihn auch", sagte Luke gedehnt. „Viel Spaß." Er sah Brendan eindringlich an, dann schlenderten er und Sharon davon.

Doreen wunderte sich. Luke reagierte also auch merkwürdig? Oder bildete sie sich das nur ein?

Brendan bückte sich und hob eine blauschillernde Muschel auf, die er Doreen reichte. „Als kleine Erinnerung an den Abend, an dem dein Auto liegenblieb“, sagte er.

„Den Abend werde ich sowieso nicht vergessen“, flüsterte Doreen. „Mein Auto geht nicht oft kaputt, weißt du.“ Sie blinzelte. Ein kaputtes Auto war schuld an allem, an dieser schönen Stunde und daran, daß sie Brendan kennengelernt hatte. Sie warf verlegen das Haar zurück und begann, die Dünen hochzulaufen.

„Was machst du eigentlich zu Hause?“ erkundigte sich Brendan, der ihr folgte.

„Ich bin Erzieherin“, gab Doreen über die Schulter Auskunft, froh über die Wendung des Gesprächs. „Außerdem habe ich ein Pferd, das ziemlich viel Zeit beansprucht, ansonsten bin ich in unserer Kirchengemeinde aktiv.“

„Bringt dir das etwas? Die Kirchengemeinde, meine ich.“

Was sage ich denn nun? fragte sich Doreen. Zu oft schon war sie angeeckt, wenn sie von ihrem Glauben erzählte. Aber dann faßte sie sich ein Herz. Sie erzählte von ihren Eltern, die sie schon früh mit der Bibel vertraut gemacht hatten. „Ich bin mit diesem Buch aufgewachsen, wußte aber auch, daß ich mich eines Tages selbst entscheiden muß. Das habe ich auf einer Freizeit getan, als wir alle für ein krankes Kind gebetet hatten, das dann tatsächlich gesund wurde. An jenem Abend dachte ich, es ist an der Zeit, auch mein Leben diesem Gott zu geben. Klingt dramatisch, nicht wahr?!“ Sie blieb stehen, wandte sich endlich um, hielt die Luft an und wartete auf die Reaktion.

Brendan schüttelte den Kopf. „Wieso?“ fragte er sanft. „Ich glaube auch, daß es heute noch Wunder gibt.“

„Tatsächlich?“ Doreen starrte ihn an. „Wie meinst du das?“

Er grinste. „Ich meine, daß ich irgendwann vor Lukes überzeugenden Argumenten kapituliert und mich auch für Jesus entschieden habe. Ich hatte zwar nicht so ein Erlebnis wie du mit dem Kind, aber ich habe erlebt, daß das Leben mit Gott Spaß macht und spannend ist. Anfangs bin ich nur

Luke zuliebe mitgetrabt, aber so nach und nach merkte ich, daß Luke und seine Freunde etwas hatten, das mir fehlte. Das wollte ich auch: das Wissen, so angenommen zu sein, wie ich bin. Ich mußte nämlich keine Maske tragen, um ihnen zu gefallen. Nachdem ich den entscheidenden Schritt gewagt hatte, war wirklich alles anders. Ich mußte meine Vorstellungen kräftig abstauben, die ich über Jesus und Christsein hatte. Daß ich dahinterkam, daß Jesus auch für mich gut ist, grenzt für mich an ein Wunder. Du hättest mich mal vor einigen Jahren sehen sollen. Da hatte ich diese Null-Bock-Haltung und habe mir alles mögliche ausgemalt, von einer Zukunft bei der IRA bis zum Auswandern."

Er schnitt eine solch komische Grimasse, daß Doreen lachen mußte. „Da bin ich aber froh, daß ich dich erst jetzt kennengelernt habe!" sagte sie von ganzem Herzen.

„Nicht wahr? Jetzt bin ich doch wesentlich netter. Immerhin helfe ich Touristinnen, Sardinenbüchsen wegzuschaffen." Brendan zwinkerte schelmisch. „Ich wollte dich die ganze Zeit schon fragen, wieso du das Auto nicht einfach weggetragen hast."

Doreen wollte ihm einen empörten Schubs geben, doch sie rutschte aus und fiel an seine Brust. Brendan fing sie auf, und für einen Sekundenbruchteil hatte Doreen das Gefühl, zu schweben. Sie bedauerte es, daß er sie gleich wieder losließ.

„Alles in Ordnung?" erkundigte sich Brendan besorgt.

Sie nickte. „Hättest du nicht das mit der Sardinenbüchse gesagt ... Mein Wagen ist sehr empfindlich."

„Er hat es ja nicht gehört", sagte Brendan. „Ich schenke ihm morgen ein Bonbon – oder ist er dazu noch zu klein?"

„Du bist schrecklich!" rief Doreen.

„Das weiß ich." Brendan wickelte sich eine Strähne ihres Haares um den Finger und wechselte das Thema.

„Ich kenne dich noch keinen Tag, aber irgend etwas gibt mir das Gefühl, als sei das zweitrangig."

Doreens Magen begann zu kribbeln, aber es war ihr nicht unangenehm. „Du weißt doch kaum etwas von mir", murmelte sie. „Ich von dir übrigens auch nicht."

„Tja", sagte Brendan zögernd. „Etwas solltest du vielleicht wirklich wissen."

Sein Tonfall ließ sie aufhorchen. Stimmte wirklich etwas nicht, wie Sharon angedeutet hatte? – Und was?

„Ich, ach, es fällt mir echt nicht leicht, es dir zu sagen, aber ... Ich bin so gut wie verheiratet", stieß er gequält hervor.

Doreen war, als würde sie gleich den Boden unter den Füßen verlieren. Damit hatte sie nicht gerechnet.

„Verheiratet", stammelte sie nur.

Er nahm ihre Hände in die seinen. „Ich kenne Moira schon lange. Und wir verstehen uns prächtig. Ich dachte, ich liebe sie, und habe mich mit ihr verlobt. Erst jetzt, wo ich dich heute kennengelernt habe, frage ich mich, ob ich sie wirklich liebe oder einfach nur mag. Aber darüber muß ich mir erst noch klar werden. Ich sehe Moira auch nicht sehr oft. Sie wohnt in der Nähe von Dublin. Und jetzt sind da plötzlich Gefühle für dich."

Ich habe mich in dich verliebt, dachte Doreen verzweifelt. *Aber was soll das? Ich will keine sein, die dir nur ein paar Tage versüßt.* Sie blickte in seine Augen. „Das hat doch keinen Sinn. Und wer weiß, ob es bei uns wirklich Liebe ist? Nachher bereust du es." Sie war froh, daß sie sich so in der Gewalt hatte.

„Wir könnten doch Freunde sein, oder?" drängte Brendan. „Und vielleicht ..."

Sie schüttelte den Kopf. „Freunde, ja. Aber ich will nicht, daß du wegen mir deine Beziehung mit Moira beendest. Danke, daß du wenigstens offen warst." Ihre Stimme brach, sie wandte sich ab und rannte davon.

Brendan sah ihr nach. Er hätte sich ohrfeigen können. Sein geflüstertes „Doreen" verhallte im Wind. Er versuchte sich einzureden, daß seine Wangen von der Gischt feucht wären.

*

Sie sahen sich erst zwei Tage später, als Doreen ihr Auto abholte. Etwas schien ihr die Kehle zuzuschnüren, als sie

Brendan erblickte. Er bemerkte sie sofort und kam zu ihr herüber. Er sah sie so zärtlich an, daß Doreens Vorsätze beinahe ins Wanken kamen. Sie atmete tief durch. *Nur nichts anmerken lassen,* sagte sie sich.

„Eigentlich dachte ich, du würdest den Kleinen schon gestern holen. Wo warst du?" murmelte Brendan.

„Ich konnte nicht. Sharon ging es nicht so gut, da habe ich auf die Zwillinge aufgepaßt. Wir wollen morgen nach Ballyshannon zum Musikfest fahren. Komm doch mit! Die Kinder sind bei Lukes Schwester." Sie tat wahrhaftig, als wäre alles ganz einfach.

Brendan nickte verwirrt. „Gerne. Ich mag die Musik. Aber willst du wirklich, daß ich mitkomme?"

„Natürlich" sagte Doreen leise. „Schließlich sind wir Freunde."

Das war nicht das, was er hören wollte, aber er beschloß, die Sache vorerst auf sich beruhen zu lassen.

*

Tags darauf fuhren Doreen und Brendan mit Luke und Sharon nach Ballyshannon. Doreen war wild entschlossen, den Abend zu genießen. Und es fiel ihr gar nicht mal schwer. Begeistert sah sie sich um.

Brendan lächelte. „Es scheint dir zu gefallen."

„Und wie. Ich hätte nicht gedacht, daß hier so viel los ist."

„Tja, dieses Fest ist ein Höhepunkt für alle Freunde der irischen Musik. Da kommen die Leute aus allen Teilen Irlands. Und darüber hinaus. So wie du." Mit diesen Worten wollte er sie an sich ziehen. „Bitte, Doreen, ich brauche dich. Mußt du wirklich zurück?"

Doreen seufzte unmerklich, als sie sich aus seinem Arm löste. Er hatte ausgesprochen, was sie selbst dachte. Aber sie war realistisch genug, um einzusehen, daß es nicht ging. Eine Zukunft mit Brendan? Er wußte doch selbst, daß es nicht möglich war. Er sollte es jedenfalls wissen.

Brendans Finger zupften an einer ihrer Haarsträhnen. „Daß das auch ausgerechnet jetzt passieren muß, daß ich mich in dich verliebe“, sagte er hilflos. „Doreen, ich möchte dich nicht verlieren!“

Doreen drückte seine Hand. „Ich mag dich“, sagte sie ernst. „Und ich wünschte wirklich, daß wir zusammen bleiben könnten. Nur – du bist nicht frei. Darauf habe ich keinen Einfluß. Das soll Gott entscheiden, Brendan, findest du nicht? Wir wollen doch beide, daß sein Wille geschieht, oder?“

Er lachte kurz auf. „Na, mit Gott werde ich schon einig. Wir sind nämlich gute Freunde. Da stehen die Chancen gut.“

Doreen legte gegen ihr besseres Wissen die Arme um seinen Nacken und sah auf. „Ich liebe deinen Humor, Brendan O'Shea. Und dich auch. Aber ...“

Er erstickte ihr Aber mit einem Kuß. Doreen schloß die Augen, fühlte seine Lippen auf den ihren und hörte wie aus weiter Ferne die Musik, die vom anderen Ende des Platzes herüberklang. *Nein,* dachte sie. *Was tue ich?* Dennoch erwiderte sie den Kuß.

Brendan faßte ihren Arm. „Komm, wir suchen die anderen.“ Er fühlte sich plötzlich sehr elend.

*

Die Tage vergingen viel zu schnell und abends, kurz vor Doreens Abreise, saß sie an Brendans Seite auf einer der Dünen.

„Ich weiß nicht, was ich tun soll“, sagte sie.

Seine Hand drückte die ihre. „Ich auch nicht. Ich weiß nur, daß ich dich sehr gerne mag. Diese Sache mit Moira ... Ich weiß einfach nicht, was ich machen soll. Sie liebt mich, und ich war sicher, daß ich sie liebe. Ich komme mir vor wie ein Schuft.“

Doreen seufzte. „Ich verstehe dich ja. Also ist es das Beste, wenn wir uns nicht mehr sehen, oder?“

Er sah sie an. „Das halte ich nicht aus.“

„Und ich halte es nicht aus, mit dir nur gut Freund zu sein. Nein, Brendan, das geht über meine Kräfte. Ich kann das nicht!“

Doreen meinte, was sie sagte. Auch wenn ihr sein Blick ins Herz schnitt. Einer anderen Frau den Freund wegnehmen? Niemals! Die andere war zuerst dagewesen!

Brendan schluckte. „Du bist so schön!“ murmelte er heiser.

Doreen liebte ihn dafür noch mehr. Aber das half ihr nicht. Sie schloß die Augen. Wenn Gott doch so nett sein würde und ihr diese Sehnsucht nach Brendan nehmen könnte! Doch als sie die Augen wieder öffnete, war der Schmerz immer noch da.

*

Es sollte der letzte Abend mit Brendan werden. Doreen hatte schon ihre Taschen gepackt, fast alles im Auto verstaut und machte nun einen letzten Ausritt mit Sharon. Lukes Eltern, die in der Nähe wohnten, besaßen mehrere Pferde.

Doreen ahnte sofort, daß etwas nicht stimmte, als sie bei der Rückkehr Lukes Gesichtsausdruck sah. „Ist etwas passiert?“ fragte sie.

„Brendan hat angerufen“, begann Luke langsam. „Er mußte dringend weg und wird erst in einigen Tagen wieder hier sein. Er hat etwas zu erledigen. Ich soll dir Grüße sagen. Wo er hin ist, weiß ich nicht.“

Doreen schluckte. Das konnte doch nicht wahr sein! Jetzt konnte sie sich nicht einmal mehr von ihm verabschieden! „Er kann mich mal gern haben!“ fauchte sie und ließ sich auf den nächstbesten Stuhl fallen. Wie in Trance starrte sie vor sich hin.

Sharon sah zu ihrem Mann herüber. Doreen tat ihr leid. Die Freundin konnte ihre Abreise nicht verschieben, und jetzt würde sie auch noch darauf verzichten müssen, Brendan noch einmal zu sehen. Sharon legte ihrer Freundin den Arm um die Schulter. Sie sagte nichts. Worte waren überflüssig.

*

Doreen lag zu Hause auf ihrem Bett und fühlte sich schrecklich. Die Fahrt von Irland war gut verlaufen, und das Wiedersehen mit den Eltern war schön gewesen. Aber der Gedanke an Brendan und daran, wie es weitergehen würde, bedrückte sie. Falls es überhaupt weitergehen würde. Sie vermißte ihn mehr, als sie für möglich gehalten hätte. Wieso hatte sie sich in einen Mann verlieben müssen, der unerreichbar war? Es war nicht fair. Gott war nicht fair ... Aber vielleicht war es so am besten! Trotzdem ...

„Wieso, Gott?“ fragte sie laut. „Was ist dein Plan mit mir? Und wieso fühle ich so viel für Brendan, obwohl ich weiß, was los ist?“ Sie schloß die Augen. „Für mich war es so klar. Und als ich erfuhr, daß auch er dir nachfolgt, da dachte ich ...“

Jemand klopfte an die Tür und unterbrach ihre Gedanken. Doreen stöhnte innerlich und sagte: „Herein.“

Ihr Bruder steckte den Kopf in ihr Zimmer. „Laß dich nicht so hängen, Schwesterchen“, sagte er zärtlich. „So wie ich dich kenne, bist du immer noch mit Gott am Schimpfen. Dabei weißt du doch, daß er nur dein Bestes will. Auch wenn du den Weg nicht ganz überblicken kannst. Er kann es.“

Doreen stand auf und zwang sich zu einem Lächeln. „Lieb, daß du mich aufheitern willst, Maurice. Aber da muß ich alleine durch.“

„Unsinn!“ sagte Maurice. „So alleine bist du nun wirklich nicht. Ach, bevor ich es vergesse, es ist Besuch für dich da.“

„Ach, ja? Wer denn?“ fragte Doreen. Erst jetzt bemerkte sie das spöttische Glitzern in den Augen ihres Bruders. Aber ehe dieser etwas sagen konnte, schob sich jemand an ihm vorbei.

Gleich darauf hing Doreen an Brendans Hals. „Das gibt es nicht“, stammelte sie immer wieder.

„Du solltest ihr einen Stups geben, Brendan“, sagte Maurice liebenswürdig. „Die Platte scheint einen Sprung zu haben.“ Sprach's und brachte sich hastig in Sicherheit. Aber das war unnötig. Doreen hatte nur Augen für Brendan.

„Ich liebe dich!“ flüsterte er in ihr Haar. „Und ich mußte dich sehen. Und dir das Wichtigste persönlich sagen: Ich habe mich von Moira getrennt. Aber was das Beste ist: Es war auch ihr Wunsch. Es gibt da nämlich einen netten jungen Mann, den sie schon vor einigen Wochen kennengelernt hatte. Sie wußte nur nicht, wie sie es mir beibringen sollte."

Doreen hob den Kopf und sah in seine Augen. Plötzlich mußte sie lachen. Sie wußte noch nicht, wie es in naher Zukunft mit ihnen weitergehen würde, aber eines war ihr schlagartig klar geworden: Sie gehörten zusammen. Und es stimmte, was Maurice gesagt hatte: Gott sah den ganzen Weg. Und das war gut so!

Ursula Imhoff

Kochende Liebe

Ruth sah sich suchend im Geschäft um. Ob er wohl heute wieder kommen würde, dieser nette ältere Herr, der in der letzten Zeit immer aufkreuzte, ein paar Kleinigkeiten einkaufte und dabei manchmal ihren Rat einholte? Es war richtig schön, sich mit ihm zu unterhalten, obwohl er bei aller Offenheit, mit der er seine Ansichten vertrat, meist sehr zurückhaltend war.

Trotz seiner Scheu hatte sie im Laufe der Zeit herausgefunden, daß er allein lebte und sich selbst versorgte. Belustigt hatte sie einmal bemerkt: „O je, Männer und Kochen! Was soll dabei schon herauskommen!“ Er hatte nichts dazu gesagt, nur gelächelt, schien aber immer eifrig zuzuhören, wenn sie ihm gute Ratschläge erteilte.

„Nun machen Sie schon, Frollein, Sie werden nicht fürs Träumen bezahlt!“ fuhr eine Frau an der Kasse sie an, die warten mußte, weil Ruth ihren Gedanken nachhing.

„Jawohl, gnädige Frau! Vielen Dank übrigens für die Verjüngungskur“, antwortete Ruth der Kundin freundlich, die wenigstens zwanzig Jahre jünger war als sie. „Aber eigentlich bin ich ganz froh, daß ich noch träumen kann!“

Mißbilligend schob die Frau ihre Waren auf dem Rollband zurecht, um zu zeigen, wie eilig sie es hatte. Ruhig fertigte Ruth die drängelnde Kundin ab und bat dann eine Kollegin, sie für eine kurze Pause abzulösen. Der Morgen war anstrengend gewesen.

Als ihr Sohn Jürgen vor zwei Jahren mit dem Vorschlag ankam, sie könne doch stundenweise in seinem Geschäft aushelfen, war sie ganz froh gewesen, so der Einsamkeit nach dem Tod ihres Mannes zu entfliehen. Anfangs war sie skeptisch gewesen, hatte Angst gehabt, nicht mehr mit der modernen Technik klarzukommen. Aber später, als sie sich ein bißchen eingearbeitet hatte, war sie über die Abwechslung und den Kontakt zu anderen Menschen dankbar. Und da sie für jeden ein nettes Wort übrig hatte und ihre Freundlichkeit häufig wie ein Echo zurückkam, fühlte sie sich im Geschäft unerwartet wohl. Natürlich gab es auch übellaunige und nörgelnde Kunden, aber die meisten waren nette Leute, die sich ab und zu Zeit für ein kleines Pläuschchen nahmen. Dadurch empfand Ruth ihre Arbeit immer als interessante Abwechslung, die sie aus der Einsamkeit ihrer kleinen Wohnung herausholte. Außerdem gehörte sie mit ihren fast sechzig Jahren noch lange nicht zum alten Eisen!

Ein älterer Herr mit weißen Haaren und einem frischen Gesicht kam ihr entgegen. Er mochte ein paar Jahre älter sein als sie, war groß und schlank und wirkte – trotz seiner vorgebeugten Schultern – noch lebensfroh und vital.

„Guten Tag, liebe Frau Esser! Schön, Sie zu sehen!" sagte er und blieb vor ihr stehen. Er hatte sich – ganz Kavalier der alten Schule – eines Tages als Peter Bader, pensionierter Beamter, vorgestellt. Und als sie ihn verwundert angesehen hatte, erklärte er, daß er Polizeibeamter gewesen sei und sich durch Sport ein bißchen fit halte. Und das bis auf den heutigen Tag.

„Guten Tag, Herr Bader!" entgegnete Ruth vergnügt. Sie freute sich jedes Mal, wenn dieser Mann ihr begegnete. Wenn er ihr auch zuweilen ein bißchen hilflos erschien, so war er doch einer ihrer liebsten Kunden. „Na, wie ist Ihnen der Auflauf gestern gelungen? Hat mit dem Gemüse alles geklappt?"

„Hervorragend!" Herr Bader leckte sich die Lippen in Erinnerung an das gute Essen, das er sich gestern nach Ruths Anweisungen gekocht hatte. Sie hatte es sich zur Aufgabe gemacht, dem hilflosen Witwer ein bißchen unter die Arme zu greifen. Sie fragte, was er gern esse, machte Vorschläge und beriet ihn, wie er seine Mahlzeiten – ohne allzuviel Aufwand und trotzdem schmackhaft und gesund – zubereiten könne. Dieser Mensch hatte allem Anschein nach überhaupt keine Ahnung, was Küche und Haushalt betraf, schien sich aber seiner Unkenntnis zu schämen, so vermutete Ruth. Jedenfalls fragte er nicht viel, nickte aber immer zu ihren Ausführungen, als habe er jedes Wort verstanden. Manchmal glaubte Ruth allerdings, daß er gar nicht genau hinhörte. Aber wenn sie ihn dann am nächsten Tag darauf ansprach, war sein Essen angeblich immer ein großer Erfolg gewesen. Entweder war dieser Mann ein Naturtalent oder ein Schwindler, stellte sie schmunzelnd fest.

„Was möchten Sie denn heute gerne essen?“ fragte Ruth.

„Tja, ich weiß nicht!“ überlegte Peter Bader. „Vielleicht Salat oder Gemüse mit neuen Kartoffeln und ein Stückchen Bratwurst? Was halten Sie davon?“

„Nicht schlecht!“ meinte Ruth. „An der Fleischtheke gibt es heute Bratwurst im Sonderangebot. Und Salat? Hm, wir sollten mal in die Gemüseabteilung gehen und nachsehen, was heute gekommen ist. Also, Sie gehen am besten so vor: Sie nehmen eine saubere Bratpfanne, heizen Sie gut auf und geben dann ...!“

Während Ruth die Zubereitung mit einfachen Worten erklärte, lächelte Peter Bader sie abwesend an.

„Hören Sie mir überhaupt zu?“ fragte Ruth irritiert. „Ich möchte nicht, daß Sie nachher vor Ihrem Herd stehen und nicht weiterwissen!“

„Ach, ja natürlich, die Bratwurst! Bitte, entschuldigen Sie!“ gab ihr Gesprächspartner zerstreut zurück. „Aber Sie haben eine so nette Art, die Dinge zu erklären, daß mir der Inhalt gar nicht so wichtig erscheint. Vielleicht könnten Sie ... vielleicht sollten wir beide einmal ...!“ Plötzlich geriet der sonst so selbstsichere Mann tatsächlich ins Stottern.

„Ja?“ fragte Ruth vorsichtig. Sie mochte diesen Mann inzwischen so sehr, daß sie manchmal hoffte, ihre Beziehung könnte ein bißchen über die alltäglichen Kochrezepte hinausgehen. Aber ihren Schützling hatte schon wieder der Mut verlassen.

Ruth seufzte, so war ihr Gespräch nun schon etliche Male verlaufen: Sie gewann den Eindruck, er wolle ihr etwas Bestimmtes sagen, doch dann machte er unvermittelt einen Rückzieher. Sollte sie vielleicht einfach den ersten Schritt wagen, ihn einmal zum Essen einladen? hatte sie überlegt. Aber sie brachte es nicht fertig, über ihren Schatten zu springen. Erstens wußte sie ja nicht, ob er ihre Empfindungen überhaupt teilte oder ob sie sich unsäglich blamieren würde. Und zweitens war ihr immer eingeschärft worden, daß der erste Impuls von der männlichen Seite her kommen mußte. Deshalb saß die Angst, sich falsch zu benehmen, tief in ihr. Ach, wie gut es heute die jungen Leute hatten, die dem andern Geschlecht einfach mitteilten, was sie fühlten und dachten.

„Außerdem", versuchte sie sich selbst zur Vernunft zu bringen, „diese Gefühle in meinem Alter! Ich benehme mich wie ein verliebter Teenager!" Aber der Wunsch nach einer engeren Beziehung, die über wenige Worte hinausgeht, blieb in ihr.

Auch in den nächsten Tagen war Peter Bader wieder zur Stelle. Strahlend erzählte er von dem erstklassig gelungenen Mittagessen und druckste dann noch ein bißchen herum, als wolle er etwas Bestimmtes loswerden. Ruth war sich immer sicherer, daß er ein Anliegen hatte, das er nur nicht frei zu äußern wagte, und nahm sich vor, ihm trotz ihrer Bedenken ganz offen entgegenzukommen. Jetzt mußte sie einfach mal die Initiative ergreifen, entschloß sie sich mutig. Doch gerade als ihr Entschluß feststand, kam eine Kollegin und bat um ihre Hilfe. Und als sie später zurückkam, war Peter Bader verschwunden. Enttäuscht sah Ruth sich um, konnte ihn aber nirgendwo entdecken.

„Ich alte Närrin!" beschimpfte sie sich selbst. „Was bilde ich mir eigentlich da ein? Ich warte noch immer darauf, daß ein Mann mein Herz im Sturmschritt erobert! Liebe in meinem Alter? Das ist ja wohl eher die Ausnahme! Was würden die Kinder und Enkelkinder sagen, wenn sie wüßten, was in meinem Kopf vorgeht? Also los, Ruth, vergiß es!"

Aber das war leichter gesagt als getan. Als sie später wieder an der Kasse saß, ertappte sie sich dabei, wie ihr Blick andauernd voller Hoffnung auf die Eingangstür fiel. Und einmal, als ein großer, weißhaariger Mann den Laden betrat und sie ihn fälschlicherweise für Peter Bader hielt, schlugen ihre Gedanken und Gefühle Purzelbäume. Wie enttäuscht war sie dann, als sich herausstellte, daß es ein Fremder war!

Ein paar Tage ließ Peter Bader sich nicht sehen. Ob er wohl krank war oder vielleicht verreist? Ruth machte sich Sorgen, vermißte ihn als täglichen Gesprächspartner und war nahe daran, ihn anzurufen und sich nach seinem Befinden zu erkundigen. Doch wieder verließ sie der Mut.

Dann kam das Wochende. Ruth wußte, daß Peter Bader an diesen Tagen häufig bei einem seiner Kinder zum Essen eingeladen war. Außerdem war das Geschäft samstags so proppenvoll, daß er es lieber mied. Also mußte Ruth bis zum Montag warten, ehe sie sich wieder mit ihrem Lieblingskunden beschäftigen durfte. Sollte er auch dann nicht auftauchen, so nahm sie sich vor, wollte sie bei ihm anrufen.

Der Sonntag war ein schöner, sonniger Tag. Die Luft schien so seidig und mild, daß sie auf der Haut das Gefühl einer unsichtbaren Liebkosung hinterließ.

Auch Ruth vergaß ihren Kummer, ging morgens fröhlich in den Gottesdienst und sagte einer Bekannten, die sie zu einem Nachmittagsspaziergang einlud, begeistert zu. Als dann nach dem Mittagessen der Anruf kam, daß aus dem Spaziergang leider nichts werde, weil unverhofft Besuch aufgetaucht war, war sie zwar ein wenig enttäuscht, aber nicht niedergeschlagen. Sie telefonierte noch mit ein paar Freundinnen, aber keine hatte Zeit, etwas mit ihr zu unternehmen.

„Macht nichts!“ dachte sie. „Ich muß mich einfach daran gewöhnen, allein zu sein!“

Mehrmals ertappte sie sich dabei, wie sie das Telefon anstarrte und überlegte, Peter Bader anzurufen. Doch gleich darauf verwarf sie diesen Gedanken wieder. Lächerlich! Eine Frau in ihrem Alter und benahm sich, als wäre sie gerade zwanzig!

„Dann geh' ich eben allein!“ seufzte sie endlich und richtete sich auf einen einsamen Spaziergang ein. Der strahlende Sonnenschein des Frühsommers vertrieb ihre trüben Gedanken schneller, als sie gedacht hatte. Sie lief durch die ruhigen Vorstadtstraßen, vorbei an hellen Häusern mit schönen Gärten, in denen es grünte und blühte und muntere Vögel vor sich hinzwitscherten. Der Himmel über ihr wirkte wie ein blaues Tuch, das über diese Welt gespannt worden war, um kleine Fehler und Makel zu verbergen. Trotz ihrer Einsamkeit konnte Ruth von ganzem Herzen für das kleine Wunder dieses erfrischenden Sommertages danken.

Sie ging weiter als gewöhnlich. Erst als sie die kleine Kirche ihres benachbarten Stadtteils vor sich sah, spürte sie plötzlich ihre schmerzenden Füße. Ein bißchen ausruhen und etwas zu trinken wäre nicht schlecht, dachte sie.

Beim Näherkommen bemerkte sie, daß sich um die Kirche und auf der großen Wiese daneben reges Leben tummelte. Der verlockende Duft von selbstgebackenen Waffeln und Kuchen, von Gegrilltem und Gebratenem hing in der Luft. Es erklang Musik und fröhliches Stimmengewirr.

Auf einem bunten Plakat wurde ein „Sommerliches Gemeindefest“ angekündigt. Angesichts des lebhaften Treibens bekam Ruth Lust auf eine frische Waffel und eine Tasse Kaffee inmitten fröhlicher Menschen. Was machte es schon, wenn sie niemanden kannte! Kurzentschlossen steuerte sie auf ihr Ziel zu, betrachtete die bunten Stände, die viel zu essen, aber auch Handwerksarbeiten und kunstgewerbliche Stücke anboten. Für Kinder und Erwachsene waren Spiele aufgebaut, die gegen ein kleines Entgelt benutzt werden konnten. Und der Erlös des ganzen Festes – so wurde angekündigt – sollte für die Unterstützung der Straßenkinder in Brasilien gespendet werden.

„Na, wenn das so ist, dann eß ich gleich zwei Waffeln und vielleicht sogar noch eine Wurst!“ dachte Ruth vergnügt. „Und an der Tombola werde ich auch teilnehmen!“

Langsam schlenderte sie dem Geruch der Grillwürste nach. Richtig, da vorn stand eine große schwenkbare Grillpfanne, in der Würste und Fleischstücke appetitlich vor sich hinbrutzelten. Dazu wurden frische Salat- und Nudelgerichte angeboten. Auf einem Schild prangte in bunten Buchstaben der Hinweis: Hier kocht für Sie – Gemeinderat und Hobbykoch Peter.

Hobbykoch Peter trug eine weiße, malerisch aussehende Kochmütze, wie Ruth es von Bildern her kannte. Momentan wandte er seinen Gästen den Rücken zu, drehte geschickt Kotelettes und Schnitzel herum, strich Gewürzmischungen auf saftige Steaks, probierte hier und prüfte dort. Man konnte deutlich sehen, daß dieser Mann Spaß am Kochen hatte und so etwas sicher nicht zum ersten Mal tat.

Geduldig wartete Ruth, bis der Koch Zeit für sie hatte. Endlich drehte er sich herum, um nach ihren Wünschen zu fragen. Erschrocken fuhr Ruth zurück. Das konnte doch nicht wahr sein! Der Hobbykoch vor ihr war der angeblich so hilflose und unerfahrene Peter Bader! Der Mann, der sich jeden Tag von ihr die einfachsten Handgriffe in der Küche erklären ließ, hantierte so professionell mit seinen Kochutensilien herum, daß selbst einer erfahrenen Hausfrau Hören und Sehen verging!

Ruth starrte ihn schockiert an. „Herr Bader, Sie?“ fragte sie, als traue sie ihren eigenen Augen nicht. Einen Moment lang herrschte zwischen ihnen verlegenes Schweigen, dann warf Ruth stolz ihren Kopf in den Nacken und wandte sich zum Gehen. Tränen saßen in ihrer Kehle, die sie mühsam herunterschluckte. Nur nichts anmerken lassen! Wenn dieser Mann sich wochenlang über sie lustig gemacht hatte, sollte er jetzt nicht seinen Triumph bekommen!

Der verhinderte Koch hatte sich bereits gefangen und bat rasch: „Bitte, Frau Esser, laufen Sie jetzt nicht weg! Lassen Sie mich erklären!“

Ruth blieb stehen, wandte ihm aber den Rücken zu. Sie fühlte sich unglaublich gekränkt. Doch dann nickte sie stumm und wartete, bis jemand kam, um den Koch abzulösen. Peter band seine Schürze ab, nahm die Mütze vom Kopf und ging mit ihr in das kleine Café, das im Gemeindehaus untergebracht war.

„Warum diese ganze Show?“ begann Ruth wütend, nachdem sie ihren ersten Schock überwunden hatte. „Wieso lassen Sie mich langweilige Rezepte erklären, wenn Sie das alles viel besser können? Wollten Sie mich nur auf den Arm nehmen, oder was? Haben Sie sich dabei wenigstens köstlich amüsiert?“

„Nein, Frau Esser, so war das ganz und gar nicht! Ich wollte Sie nicht lächerlich machen. Im Gegenteil! Ich wollte nur ...!“ Jetzt wußte er doch tatsächlich nicht weiter.

„Und so einer wie Sie ist im Gemeinderat?“ Ruths Empörung ließ sie ihre gute Erziehung vergessen, sie fiel ihm einfach ins Wort. „Können Sie Ihre merkwürdigen Lügen eigentlich mit dieser Arbeit in Einklang bringen? Ich dachte immer, dazu müßte man ein ehrlicher und offener Mensch sein!"

„Sie haben ja recht! Bitte, entschuldigen Sie!" gab Peter zerknirscht zu. „Ich war nicht offen zu Ihnen, aber richtig belogen habe ich Sie auch nicht! Erinnern Sie sich, daß ich immer nur gefragt habe, wie Sie etwas zubereiten, und nie behauptet habe, daß ich das nicht könne?"

Ruth überlegte kurz. „Aber das ist doch Haarspalterei!" ärgerte sie sich. „Jedenfalls haben Sie bei mir den Eindruck erweckt, Sie seien vollkommen hilflos und bräuchten meinen Rat. War es nicht so?"

Peter seufzte und nickte. „Bitte", sagte er dann, „geben Sie mir die Gelegenheit, es Ihnen in Ruhe zu erklären. Heute abend vielleicht, wenn ich hier fertig bin?" Er sah ihr tief in die Augen. Zum ersten Mal fiel Ruth auf, wie intensiv das Blau seiner Augen leuchte und wieviel Freude und Lebenskraft aus ihnen strahlte.

„Nun gut!" erklärte sie sich zögernd einverstanden.

Ungeduldig wartete Ruth auf den Abend, zog sich mit besonderer Sorgfalt an, bürstete ihr graues dichtes Haar immer wieder durch und kniff sich in die Wangen, bis sie ganz rosig aussahen. Schließlich schnitt sie sich im Spiegel selbst eine Grimasse und schalt sich eine dumme und eitle Gans.

Sie trafen sich in einem kleinen Lokal und tranken erst einmal ein Glas Wein. Eine Weile herrschte verlegenes Schweigen, dann kam Peter Bader ohne Umschweife auf den Grund seines seltsamen Verhaltens zu sprechen.

„Ich wollte Ihnen gerne näherkommen und wußte nicht, wie ich das anstellen sollte!" sagte er mit einem rührenden Lächeln und hilflos erhobenen Händen.

„Wie bitte?" Ruth glaubte nicht richtig zu hören. „Dazu hätte es doch sicher bessere Möglichkeiten gegeben, oder?"

„Ach, Ruth!" Er wählte einfach die vertrauliche Anrede, was für Ruth ganz in Ordnung war. „Als ich Sie kennenlernte, da waren Sie so abweisend, richtig unerreichbar für mich. Erst als Sie glaubten, mir helfen zu müssen, tauten Sie allmählich auf. Schon lange wollte ich Ihnen sagen, daß es ein ganz persönliches Interesse an Ihnen ist, das mich in Ihren Laden treibt; nicht die Kochzrezepte, die Sie mir geben. Aber ich wußte nie, wie ich es anfangen sollte. Immer, wenn ich gerade ansetzte, Ihnen meine Gefühle für Sie zu erklären, verließ mich der Mut, oder es kam etwas dazwischen!"

„Und was, Peter, was wollten Sie mir erklären?" fragte Ruth mit klopfendem Herzen.

„Ich wollte Ihnen schon lange sagen, daß ich Sie sehr mag und daß wir zwei vielleicht ... ach, wie soll ich es nur ausdrücken?" Er druckste herum, sprach dann zögernd weiter: „Wenn ich jünger wäre, würde ich einfach sagen, daß ich mich in Sie verliebt habe. Aber was würden Sie von mir altem Esel halten, wenn ich ...?" Er hielt inne, sah sie fragend und errötend an.

„Ich würde sagen, weiter so, alter Esel!" Nun war auch Ruth mutig geworden, ihre Augen strahlten plötzlich vor Vergnügen. Prüfend sah sie ihren heimlichen Verehrer an, spürte ganz deutlich, wie sehr sie ihm eigentlich zugetan war. „Wahrscheinlich werden die Jungen uns für verrückt halten! Aber müssen wir auf Gefühle verzichten, nur weil wir nicht mehr ganz taufrisch sind?"

„Sie sind also auch ... ich meine, Sie sind nicht abgeneigt, mit mir ... also ... du und ich, wollen wir uns näher kennenlernen?" fragte Peter aufgeregt.

„Ja, sehr gerne, Peter!" Ruth hob ihr Glas, lächelte ihn an. „Also, ich bin Ruth Esser, seit mehr als drei Jahren verwitwet. Ich habe zwei erwachsene Kinder und bin –!"

„Ach, das weiß ich doch alles!" schmunzelte Peter. „Ich habe natürlich deinen Sohn längst ausgefragt. Er konnte mir zwar einige Dinge über seine Mutter mitteilen, aber ich möchte mehr von dir wissen als diese Äußerlichkeiten. Nämlich wer du wirklich bist und was du tief in deinem Innern glaubst und denkst."

Ruth wurde ernst. „Ja!" sagt sie nachdenklich. „Wer ich bin und wer du bist, das können wir sicher nicht an einem Abend herausfinden, dazu brauchen wir ein bißchen mehr Zeit. Ich habe – wahrscheinlich genau wie du – viel Freude und Leid in meinem Leben erlebt, und das hat mich geprägt. Aber bei allem, was ich getan und erlebt habe, stand immer mein Vertrauen auf einen barmherzigen Gott an erster Stelle. Nach dem Tod meines Mannes habe ich – trotz aller Trauer – zu einer neuen Lebensform gefunden. Es war nicht leicht, und die Sehnsucht nach einem Menschen an meiner Seite, nach einer neuen Gemeinschaft, ist stets in mir geblieben. Es ist doch nicht lächerlich, sich in meinem Alter nach Liebe zu sehnen, nach jemandem, der für mich da ist, der an mich denkt und meine Freude und meinen Kummer teilt?"

„Nein!" Peter war nun ebenfalls sehr ernst. „Lächerlich ist das höchstens für oberflächliche junge Leute, die sich niemals Gedanken darüber machen, wie es ist, älter zu werden und allein zu sein. Als ich einmal mit meinen Kindern darüber sprach, daß ich mich nach einer neuen Partnerin sehne, habe ich sofort deren verlegene und gleichzeitig belustigte Blicke bemerkt. Sie haben mich nicht richtig verstanden, glauben wohl, daß Liebe das Vorrecht der Jungen ist. Aber wo steht das geschrieben? Wenn Gott die Liebe in unser Herz gelegt hat, wenn er uns fähig macht, seine Liebe über die Grenzen der Jahre und des Älterwerdens hinweg zu retten, dann ist das ein wertvolles Geschenk. Wäre es dann nicht eine große Verschwendung, solch ein Geschenk auszuschlagen?"

Er hob seine Hand, berührte mit den Fingerspitzen ganz zart Ruths Gesicht, streichelte ihre Wangen, ihre Hände.

„Wollen wir es miteinander versuchen?" fragte er leise. „Wollen wir uns Zeit geben, einander kennenzulernen?"

„Gern, Peter!" antwortete Ruth mit leuchtenden Augen. „Und ich freu' mich schon auf all die köstlichen Mahlzeiten, mit denen mein lieber Hobbykoch mich verwöhnen wird!"

Sie lachten beide herzlich, hielten sich an den Händen und fühlten dankbare Freude über den Beginn ihrer neuen Liebe.

Die Autoren

Sigrid Christian

hat mehrere Romane veröffentlicht, die sich vor allem durch ihre offene Auseinandersetzung mit heiklen Themen (Familienkonflikte) auszeichnen. Ihre Liebe zur englischsprachigen Welt wird auch in ihrer Kurzgeschichte deutlich. Sie lebt mit Mann und Tochter in Bruchsal.

Albrecht Gralle

studierte in Hamburg Theologie und wurde später Pastor. Fünf Jahre lang lebte er als theologischer Lehrer in Sierra Leone, wo seine ersten Bücher entstanden. Seit 1993 arbeitet er als freier Schriftsteller. Er lebt mit seiner Frau und vier Kindern in Northeim.

Ursula Imhof

arbeitet immer noch halbtags in ihrem erlernten kaufmännischen Beruf. Die übrige Zeit nutzt sie für das Schreiben, mit dem sie 1980 in einer Lebenskrise begann. Seither entstanden mehrere Erzählungen und Geschichten. Sie lebt mit ihrem Mann in Mühlheim.

Hanno Herzler

hat beim ERF in Wetzlar eine Ausbildung zum Rundfunk-Redakteur absolviert und dann Theologie studiert. Seit 1992 arbeitet er freiberuflich als Fernseh-Journalist, Sprachregisseur, Autor und Produzent von Abenteuer-Hörspielen. Mit Frau und Sohn lebt er in Beilstein.

Katrin Paul

ist gelernte Bibliothekarin. Nach einem Volontariat bei der Zeitschrift „Punkt“ arbeitet sie heute in einem Büro für Kommunikationsdesign in Witten und schreibt als freie Autorin Artikel und Kurzgeschichten.

Gerrit Pithan
hat Kunst und Theologie für das Lehramt studiert. Der vielseitige Künstler macht Druckgraphiken, arbeitet als Redakteur für die Literaturzeitschrift „Ambo“ und schreibt Romane, Erzählungen und Kurzgeschichten.

Sylvia Renz
ist gelernte Hauswirtschaftsleiterin und begeisterte Pastorenfrau. Sie arbeitet als freie Autorin bei verschiedenen Verlagen mit, seit 1986 auch im Radio. Mit ihrem Mann und drei Kindern lebt sie in Darmstadt.

Christian Roth
studiert Photodesign. Durch das vierteljährlich erscheinende Magazin von SPOON, seiner eigenen kleinen Klamottenfirma, fühlte er sich motiviert, auch schriftstellerisch und journalistisch aktiv zu werden. Er lebt mal in Dortmund, mal in Linden.

Frieder Sigloch
hat eine Schreinerlehre und eine Ausbildung zum Lehrer für Bildende Kunst und Technik absolviert. Als Sänger und Texter der Band „Schulze“ widmet er sich zur Zeit dem Traum, mit dem Musikmachen seinen Lebensinhalt und -unterhalt zu bestreiten. Er lebt in Neuffen.

Renate Ufermann
hat Germanistik und Thologie für das Lehramt studiert. Sie arbeitet als Lehrerin und schreibt Erzählungen und Kurzgeschichten. 1990 erschien ihr erster Roman. Mit ihrem Mann und vier Kindern lebt sie in Moers.

Fabian Vogt
hat Germanistik und Theologie studiert und dabei seine Liebe zum Schreiben entdeckt. Viele seiner Texte probiert er als Kabarettist auch auf der Bühne aus. Als schreibender Vikar lebt er mit seiner Frau in Frankfurt.

Der Himmel auf Erden
15 beflügelnde Engelgeschichten

Engel haben schon immer federleicht die Phantasie angeregt. Als sympathische Boten Gottes, unfaßbare Vertreter des Transzendenten und helfende Freunde schweben sie inspirierend durch unsere Träume und bringen mit einem sanften Flügelschlag Hoffnung in die Welt.
Vielseitige christliche Autoren haben sich von den unsichtbaren Begleitern verzaubern lassen und ihre Poesie eingefangen – in Kurzgeschichten, die neben dem wunderbaren Lesevergnügen vor allem eines offenbaren:
Wir brauchen Engel ...

Die Autoren sind:
Clemens Bittlinger, Michael Buschmann, Albrecht Gralle, Hanno Herzler, Katrin Paul, Fritz Pawelzik, Gerrit Pithan, Sylvia Renz, Elke Thiesies, Renate Ufermann, Fabian Vogt, Sabine Waldmann-Brun, Christoph Zehendner.

Gebunden, 160 Seiten
Bestell-Nr. 815 401